AF606265

Un fromage qui pique la langue

Nicole d'Alatri

Un fromage qui pique la langue

ISBN : 979-10-422-1141-7

À toutes les personnes qui ont constitué le socle de ce roman, soit mes chers parents, mes amies d'enfance, les copains et copines de Vénissieux, ma cousine,
mon époux, mes enfants, mon petit ange
et le reste de ma famille.
Comme dirait un certain Eros Ramazzotti :
« grazie di esistere ».

Certi amori regalano
Un'emozione per sempre
Momenti che restano così
Impressi nella mente

Eros Ramazzotti

Nina

Bonjour, je suis Nina, ta petite voix intérieure, celle qui sait tout de toi, depuis ta naissance. À peine Marisa, ta maman, admise à l'Hôtel-Dieu, au moment de te mettre au monde, après que ton papa, Ettore eut poussé sa gueulante suite à deux refus consécutifs dans d'autres établissements et que les jambes de Marisa se soient défoulées sur les fesses du conducteur de l'ambulance dans l'espoir d'atténuer sa douleur, tu as vite pointé le bout de ton nez, bien décidée à voir le jour.

Ben voilà, tu pends par un pied dans la main du médecin accoucheur, rouge de colère, vagissante et il annonce ton sexe. Ettore espérait un garçon ; cela se comprend, tu as déjà deux sœurs, Gigliola l'aînée et Vanda, la cadette. Ta maman, elle, est heureuse !

Pour toi, un prénom français s'est imposé d'office dans l'esprit de Marisa, en signe d'intégration dans leur pays d'accueil. Tes parents viennent de la Ciociaria en Italie, belle contrée du Latium, avec ses vallons baignés de soleil, ses petits villages en haut des collines, flanqués d'oliviers à perte de vue et situés au pied des monts Ernici, dans les Apennins centraux. De plus, ton prénom signifie victoire ! Victoire pour avoir réussi à te mettre au monde malgré les embûches, mais surtout parce que tes parents ont réussi leur insertion de l'autre côté des Alpes.

Toi, tu as eu beaucoup de chance, puisqu'au moment de la construction de ta maison, trois autres petites filles, Marina, Jo et Petite Jo, sont venues habiter près de chez toi et dès lors, une fabuleuse amitié a vu le jour.

Je sais que tu m'écoutes souvent, moi, ta petite voix et tu as bien raison, car je suis toujours de bon conseil. Tu n'osais pas trop te lancer dans ce nouveau livre alors, je l'ai fait pour toi, j'ai commencé notre histoire avec tes amies d'enfance et tes parents !

Allez, vas-y, raconte là cette histoire d'amour et d'amitié exceptionnelle !

Retour aux sources[1]

Dans la voiture de location, nous voyons apparaître le village d'Alatri. Votre village, papa et maman, tout en haut de la colline, au milieu de la verdure de ce mois de mars. Au même moment, je reçois un SMS de ma fille demandant si tout se passe bien, signe pour moi d'une connexion évidente.

Tandis que le véhicule se rapproche, l'émotion commence à se répandre dans mon ventre puis monte crescendo en direction de mon cœur. Les sanglots m'étouffent. Mes amies ne disent mot, elles comprennent. Sauf Petite Jo qui dit : ne pleure pas, au contraire, elle aurait été contente ! Je ne peux lui expliquer qu'elle voit juste bien sûr, mais que là n'est pas la raison de mon émoi. C'est que je n'ai jamais ressenti le manque d'elle comme en ce moment même, en revenant sur sa terre natale ; car cela fait presque un an que maman est partie rejoindre les étoiles. L'émotion se transforme en une souffrance indicible l'espace de quelques secondes puis se calme enfin.

Avec mes amies d'enfance, on a voulu retourner sur la terre de nos parents, pour faire connaître à chacune d'entre nous les lieux où ils ont grandi et, pour moi qui viens de te perdre maman, le symbole est encore plus fort. Je prends contact avec ta réalité : le nom des rues, des contrées, des familles – le case[2] – et tout ce que tu m'expliquais durant mon enfance prend une nouvelle dimension, comme si je comprenais mieux ce que tu as vécu. Je prends la mesure du chemin que papa

---

[1] Inspiré du film de Bernard Blancan en 2015.

[2] Case – en Italie, certains groupes de maisons sont indiqués sur le bord des chemins, d'après le nom de famille. Ex : case Marocco, Iatone, Gatta…

faisait à pied entre son domicile et le tien pour venir te rendre visite au temps de vos fiançailles : sept kilomètres à pied, entre *Pignano*[3] et la Strada Statale, au milieu des années quarante. J'ai retrouvé la maison de ton enfance non sans difficulté, car ici, les adresses ne servent pas à grand-chose. C'est une voisine, nous voyant musarder, qui a demandé si elle pouvait nous aider dans nos recherches : « oui, je la connais – en parlant de ma tante, épouse du frère de maman aujourd'hui décédé, dont le lieu était devenu leur résidence secondaire –, son fils habite Milan, elle vit là-bas avec lui, etc. » Mon cœur bat plus fort, je reviens chez toi, mammina, dans cet habitat adossé à la colline, où tu as grandi dans l'amour de tes parents. Jo m'accompagne dans cette incursion si émouvante et je lui sais gré de sa chaleureuse présence. J'ai du mal à reconnaître la maisonnette, celle-ci ayant fait l'objet de rénovations, mais mon cœur me dit que c'est bien ici. Où est l'escalier qui menait à la chambre de mes grands-parents ? Celle où je m'étais introduite à l'âge de six ans pour me régaler des hosties rangées dans le placard de Nonna[4] Cenerare[5] !

La région est douce et vallonnée et un sentiment de dolce vita m'envahit ! Que d'émotion aujourd'hui !

Au grand marché d'Alatri de ce vendredi, on a trouvé des graines de *broccoletti*[6], spécialité de la Ciociaria, entre autres trésors. Au supermarché du coin, j'ai trouvé des *cicerchie*[7], mystérieuses légumineuses spécifiques d'Italie dont maman me parlait souvent et qui, à la longue, étaient devenues un petit surnom de ma fille. J'en rapporterai pour elle, en clin d'œil à sa grand-mère.

On a aussi visité le village de Sora ou Jo a retrouvé la trace de son aïeule, une femme de caractère, maîtresse du bandit *Chiavone*[8] au milieu du 18e siècle.

---

[3] Quartier d'Alatri.

[4] Grand-mère.

[5] Relatif à la cendre : en Italie, les familles ont des surnoms par rapport à leur métier ou leur lieu de résidence.

[6] Légume typique d'Italie, de la famille des brocolis.

[7] Sorte de lentille ou pois chiche.

[8] Brigand célèbre à Sora au 18e siècle, qui combattait les Piémontais.

En haut de Veroli, on a bu un bitter san Pellegrino et je suis allée visiter l'église où tu t'es peut-être mariée Nonna !

Enfin, le village de Petite Jo, Santa Francesca avec ses nombreuses *case*, celui de Jo, tout en haut d'une côte très raide qu'il vaut mieux franchir à l'aide d'un 4x4, resté authentique dans ce coin de nature sauvage et enfin, celui de Marina – Fontechiari –, avec sa tour médiévale et son joli belvédère sur la campagne environnante.

Mes chers parents, vous étiez natifs d'une si jolie contrée et vous avez dû la laisser pour avoir une vie meilleure !

Je me jure de revenir bientôt pour retrouver ta maison, papa, et visiter tous les coins de votre jeunesse que je ne verrai pas lors de ce court séjour entre filles, comme la fontaine de la piazza Santa-Maria-Maggiore, où jeune fille, tu retrouvais tes amies, maman.

Après votre mariage en décembre 1947, papa est venu seul, dans un premier temps, tenter le rêve français, en emportant, dans sa valisette verte, l'espérance d'un nouvel avenir.

Nina

Tu vas y retourner n'est-ce pas ?

Ce séjour de quatre jours fut bien émouvant, mais insuffisant. Tu n'as pas pu voir la maison de ton papa et pour cause : sans adresse exacte, vous vous êtes perdues dans le quartier de Pignano et vous êtes arrivées dans une voie sans issue, d'où il était quasiment impossible de ressortir. Néanmoins, après avoir effectué un démarrage en côte – en oubliant de desserrer le frein à main –, et que les pneus aient bien chauffé en produisant de la fumée dans l'habitacle, vous avez réussi à vous sortir de ce guêpier !

La sainte qui présidait dans l'église d'à côté doit y être pour quelque chose. Tu peux la remercier !

Il s'agit de Maria Santissima Addolorata.

Quant au rêve dans lequel ta maman est venue te voir, quelques jours après ton retour d'Italie, c'était sans doute un signe.

Lorsqu'on a encore ses parents, on vit près d'eux comme si c'était un acquis, comme si c'était pour toujours et l'on ne se rend pas compte que l'on vit des instants précieux. Malheureusement, on en prend conscience quand ils ne sont plus là et tu donnerais cher pour revivre quelques-uns de ces moments…

Le (grand) chemin du laquay[9]

La commune de Vénissieux propose des plans de maisons à bon prix. Les Italiens du quartier se le prêtent entre eux, ce qui explique le grand nombre de villas sur le même modèle, au Chemin du Laquay et alentour.

On est à la fin des années cinquante. Papa, comme d'autres Italiens du quartier, commence la construction de la sienne quelques mois avant de passer devant le notaire, la patience étant loin d'être un trait de caractère prédominant chez lui. J'ai souri quand le père de mon amie Jo m'a raconté cette anecdote, parce que cela lui ressemble tellement ! Chez l'agent immobilier, il déclare avec sa verve habituelle que si quelqu'un essaye de pénétrer dans « sa propriété » – rebaptisée *le Château* tant il en est fier –, qu'il sera accueilli à coups de *schtioppo*[10]. Pour parachever cette historiette, on peut voir, accroché au mur de la cuisine, un petit tableau représentant une maisonnette portant l'inscription : *chi vo male a sta casa, adda crepa prima ca trase*[11].

Pendant sa construction, la famille loge chez des Italiens arrivés plus tôt qu'eux, au quartier des Minguettes[12], dans l'appartement du bas. C'est ici que je fais mes premiers pas.

La vie s'organise dans notre belle maison à terrasse et, souhaitant la connaître dans ses moindres recoins, je rampe au milieu des tuyaux

---

[9] Inspiré du film Le grand chemin, de Jean-Loup Hubert en 1987.
[10] Dialecte : fusil – la véritable orthographe est schioppo.
[11] Qui veut du mal à cette maison crèvera avant d'en passer le seuil.
[12] Nom donné au quartier d'après Gallien Minguet, bourgeois lyonnais, qui, sous Louis XIV, fut l'un des plus gros exploitants de ce qui était considéré comme l'un des greniers à blé de Lyon.

du réseau sanitaire de la cave, jusqu'au soupirail donnant sur le devant de la maison. Là, je me dis qu'en temps de guerre, les Allemands ne m'auraient jamais retrouvée ici.

Papa et maman ont un joli jardin qui leur permet de vivre pratiquement en autarcie. Entre les élevages de poules, pintades, lapins et le jardin entretenu avec amour, ils recréent leur vie à Alatri et sont, sans le savoir, écolos bien avant l'heure…

Maman, en travaillant au jardin, tombe dans la fosse à purin. Seule à ce moment-là et, à force d'appeler de l'aide, le père de Marina vient lui porter secours. Elle est prise en charge à la Clinique des Minguettes et s'en sort avec une belle plaie au genou.

Je dois toujours l'aider lorsqu'elle décide de tuer un lapin. À chaque fois, c'est une épreuve pour moi de tenir l'animal pendant que, le ciseau dans la gorge, il émet ses derniers tressautements. Depuis cette époque, je n'ai plus jamais mangé de lapin.

Au printemps, papa plante avec fierté *lé lèttù de Père Bénite*[13]*, lé chcarole, lé piti poua* et *lé frèse,* entre autres délices. Il apprécie tellement son jardin, qu'il fait toujours attendre maman au moment des repas, tandis qu'elle ronge son frein.

Noir de peau, nez aquilin, lèvres minces et corps musclé, il a perdu la belle chevelure brune et ondulée qui a fait craquer maman à leur rencontre. Le temps passé au soleil accentue encore plus le hâle de sa peau, car il est très souvent torse nu lorsqu'il bricole dehors. Très colérique, un rien le fait sortir de ses gonds : alors, il perd ses moyens et n'arrive plus à parler autrement qu'en laissant libre cours au florilège des jurons italiens tels que : *porca miseria, va fan culo* ou *mannagia la madonna* ! Ci-après, une expression d'Exbrayat qui lui sied à merveille : *si dans tout italien, il y a un comédien qui sommeille, on peut dire que dans chaque Alatrese*[14]*, il est bien réveillé.*

Comme il a du mal à s'exprimer, il utilise facilement l'expression : « Ah mmè, Ah mmè » ! En secouant la tête. Ce terme peut tout aussi bien signifier le désarroi, la colère que la tendresse qu'il ressent pour

---

[13] Laitues de Pierre-Bénite.

[14] Habitant d'Alatri – remplacé par Napolitain dans le livre d'Exbrayat.

sa famille. Ayant été élevé à la dure, ses sentiments sont toujours voilés d'une intense pudeur, souvent prise pour de l'indifférence, voire du désamour. Il faut savoir décrypter.

Quand arrive la fin du mois, en rentrant du travail, il retire de la poche de sa veste, avec une satisfaction évidente, l'enveloppe kraft contenant les billets chéris, si durement gagnés grâce à son métier de *muratore*[15]. Les yeux brillants de fierté, il les porte à sa bouche et les embrasse en s'écriant : *Aaarrhh ! Buoni soldi*[16] !

Mammina est une personne douce et gentille. Elle est mignonne avec son petit nez en trompette et ses yeux mordorés. *Ciacciota*[17] mais très coquette, elle porte un soin particulier à sa coiffure et au maquillage de ses lèvres, de surcroît quand elle sort : surtout, ne pas oublier l'indispensable trait de rouge à lèvres beige ou rose ! De plus, elle aime chanter *Quel mazzolin di Fiori* et *Campagnola bella,* esquisser quelques pas de *saltarello*[18] et raconter des *barzelette*[19], comme celle de M. Zeppa, que la police a interpellé, pour un contrôle d'identité :

— Comment vous appelez-vous ?

— Zeppa !

— On vous demande votre nom !

— Zeppa !

— Non, mais, il se paye notre tête celui-là ! Comment vous appelez-vous ?

— Zeppa !

Le pauvre malheureux commence à rire jaune devant l'air menaçant du fonctionnaire.

— Comment vous ne savez pas ! Vous ne connaissez pas votre nom ?

---

[15] Maçon.
[16] Ah, le bon argent !
[17] Dialecte : Rondelette.
[18] Danse folklorique traditionnelle
[19] Dialecte : blagounettes.

M. Zeppa a reçu une bonne rouste juste avant que les policiers n'examinent sa carte d'identité de plus près, pour réaliser que l'homme ne mentait pas…

Combien de fêtes mémorables avons-nous vécues dans la grande pièce en haut de la maison, aux murs recouverts de frisette, dont papa est si fier ! On se retrouve là en famille pour les fêtes de Noël, du Nouvel An et de Pâques ou bien encore pour les anniversaires. Il y a là mes sœurs et leurs époux avec leurs enfants ainsi que ma cousine Gelsomina et sa famille. Mes beaux-frères bien-aimés s'occupent de la sono, maman fait le clown, mais s'affaire malgré tout pour allumer le poêle à charbon et nous vivons des moments de franche rigolade tous ensemble.

Le Chemin du Laquay est une voie qui se termine par une grande descente conduisant au quartier de la Perrière ; à cet endroit se trouve un grand cratère, formé, paraît-il, par un obus pendant la dernière guerre. Ce lieu dessert la future zone industrielle, mais pour l'instant, il n'y a que des champs et quelques petits groupes de maisons en enfilade, dont celle de Rocco, dit *Rocco le gros doigt*, célèbre bandit qui fait la chronique de la presse lyonnaise pour trafics divers. Qu'à cela ne tienne ! Nous, on bénéficie de sa distribution de bonbons le samedi et on l'aime bien. Le père de Jo, ayant le même nom que lui, a bien failli finir au panier à salade, lorsque la police est venue l'interpeller un soir, alors qu'il était en train de se raser. *Stupeur et tremblements*[20] *!*

Des champs avec de la vigne et d'autres rues adjacentes complètent le décor, elles aussi peuplées de familles italiennes et au sein desquelles grandissent nos copains : c'est le quartier des Ritals.

À l'autre extrémité, à gauche, on va en direction de Corbas et à droite, en direction de l'École Pasteur, notre école et Vénissieux Centre. En face, un monticule envahi de végétation annonce les prémices du plateau des Minguettes[21] et incarne pour mon regard de

---

[20] Clin d'œil à Amélie Nothomb.

[21] Du nom d'un bourgeois de Lyon qui y possédait un domaine au XVIIe, Gallien Minguet – Wikipédia.

petite fille, l'ouverture sur un autre monde. Plus tard, la butte sera décaissée et mise à profit pour la création d'une nouvelle rue – la rue Georges Roudil – qui desservira plus facilement le quartier des Minguettes et le Centre-Ville.

Nous bénéficions de la livraison journalière de lait, par le beau détaillant du Centre-ville, directement sur le muret de la maison, contre une pièce d'un franc. Il vend aussi de succulents fromages blancs et quand maman veut bien que j'achète, en plus, une portion de crème, alors là, c'est l'apothéose !

Nous avons aussi la visite du *patti*[22] dans sa camionnette, reconnaissable à son cri : « ehhhhhoooohhh !! », qui fournit diverses marchandises.

Quelquefois, un groupe d'Italiens décident de tuer le cochon. Boudin, saucisses n'ont plus de secret pour eux.

L'autre jour, un cochon condamné à mort a réussi à s'échapper : ses cris stridents ont empli le quartier de terreur avant qu'il ne finisse en saucisses, et maintenant, je n'ose plus me rendre dans le garage, parce qu'il y en a un autre, pendu à un crochet, avec le ventre ouvert !

Au mois d'août a lieu la fameuse fabrication du coulis de tomates. Toutes les familles du quartier restent attachées à la tradition et perpétuent ce moment unique. Chacun est à pied d'œuvre pour ce grand jour. Qui lave et coupe les tomates, qui les passe à la moulinette, qui remplit les bouteilles de verre à l'aide d'un entonnoir… On n'oublie pas le basilic, épice indispensable pour magnifier le merveilleux parfum de soleil des pommes d'or. Enfin, les parents disposent les bouteilles dans un grand tonneau, afin de procéder à la cuisson et à la stérilisation du coulis de tomate. Au préalable, ils auront pris soin de les intercaler avec de vieux chiffons destinés à empêcher la casse. Petit cadeau du jour : ils en profitent pour enfouir des épis de maïs ou des pommes de terre, dans le foyer, sous la cendre, pour nous faire plaisir.

---

[22] Argot : chiffonnier.

Nina

Faisant partie de la troisième vague des immigrés italiens venus tenter leur chance dans notre beau pays de France, dont les pertes humaines pendant la Seconde Guerre mondiale ont entraîné un manque de main-d'œuvre, les Italiens arrivent par centaines, à la fin des années cinquante, chez un membre de la famille déjà installé ou en solitaire. Ils se logent seuls dans un premier temps puis font venir leurs épouses et enfants. Ton père, lui, loge dans une petite chambre, dans le quartier de la gare à Vénissieux, en attendant la construction de la maison, projet que tous les Italiens du quartier ont à cœur de réaliser.

La plupart des hommes sont embauchés à l'usine d'électrochimie les Électrodes, rue de l'Industrie à Vénissieux, tandis que les femmes intègrent l'usine Paris-Rhône, avenue Jean Mermoz à Lyon.

Les tribulations des filles au quartier des ritals[23]

Je suis la plus jeune des quatre. Marina, l'aînée, a élu domicile la dernière en 1964 au Chemin du Laquay et elle est ma voisine immédiate ; auparavant, elle habitait chez sa grand-mère au quartier du Charréard. Il lui a fallu la quitter et, en arrivant dans cette grande maison neuve, elle avait beaucoup de chagrin.

Moi, je voyais cette grande fille un peu lointaine, assise sur les escaliers avec sa fausse queue de cheval et je n'osais pas l'aborder.

Par la suite, cette brunette aux taches de rousseur est devenue ma muse, ma confidente et je me suis laissé aller sans retenue dans cette amitié compensatrice d'un climat familial difficile.

La mère de Marina est une personne très discrète, on ne la voit jamais. Elle lit des romans-photos en français, signe d'une intégration rapide dans ce nouveau pays. Quant à son père, c'est un homme grand et froid qui en impose. Néanmoins, il est vraiment copain avec ma maman et ils échangent souvent à travers la barrière grillagée séparant les deux propriétés. Marina est fille unique et, de ce fait, elle est plus gâtée que moi. C'est chez elle que, de temps en temps, j'ai droit à un carreau de chocolat, puisque maman ne veut pas en acheter. Elle a des tas de collections de livres qu'elle met à ma disposition : *les Martine, Club des cinq, Alice…* font l'objet de prêts, comme à la bibliothèque, concourant à me donner l'impression d'être une grande fille.

Sa cousine habite l'appartement en dessous de chez elle, les maisons italiennes étant souvent conçues à deux niveaux, afin

---

[23] Inspiré du film Les tribulations d'un Chinois en Chine, de Philippe de Broca en 1965

d'assurer un revenu supplémentaire, ou de loger un membre de la famille. Nous ne sommes pas tendres avec cette petite. La cruauté enfantine nous pousse à lui jouer de sales tours, comme de lui asperger les yeux de javel ou bien de jeter sa pantoufle dans l'égout. Nous l'enjoignons même à boire une décoction spéciale fabriquée à l'aide d'eau et de terre, renommée pompeusement café.

Une autre fillette du quartier fait aussi les frais de nos friponneries. Comme elle a toujours l'air dédaigneux, les moqueries fusent :

— T'as vu à quoi elle ressemble ?

— On dirait une sorcière !

— On va lui faire un sale coup !

On tend une corde au travers de la route et, une fois arrivée à vélo, elle est forcée de s'arrêter. Quand on juge qu'elle a perdu son air supérieur, on baisse la corde et elle repart. Tout cela sans échanger un seul mot.

Marina sait jongler avec trois balles comme personne. Souvent, je la regarde faire avec admiration, moi qui n'arrive pas à en coordonner deux à la fois. Elle m'apprend le jeu de la ficelle avec ses figures extraordinaires comme *le chapeau de Napoléon, la tour Eiffel ou le berceau.*

Comment ai-je connu les deux autres petites filles ? Je n'ai pas de souvenir précis. Les deux Josiane sont châtaines aux yeux marron. D'ailleurs, on les prend pour des sœurs. La *nonna* de Jo les garde toutes deux, comme elle est aussi la nounou de la petite cousine Carla. Cette enfant ne veut pas manger et la grand-mère utilise un subterfuge pour arriver à ses fins. Jo et moi sommes chargées de nous mettre derrière la porte et de la griffer avec nos ongles en marmonnant d'une voix gutturale :

— Zuritcha, zuritcha !

Cette appellation désigne une sorte de monstre que l'on fait intervenir pour les récalcitrants à la nourriture. Pari gagnant, la petite termine son repas en un clin d'œil !

Il n'y a pas besoin d'aller bien loin pour trouver une des filles. On descend et on se plante devant chez l'une ou l'autre en hélant son prénom : il y a toujours une volontaire pour jouer à la marelle ou à l'élastique.

Nous sommes inséparables. Dès que nous avons un moment, nous nous rendons visite, prêtes à faire toutes les bêtises qui nous passent par la tête.

En ce jeudi, j'erre seule dans le quartier calme. Je tente d'appeler la Jo. Elle a un grand frère un peu bourru qui nous joue de vilains tours. C'est la moins écervelée des quatre. Justement, elle pointe le bout de son nez à la fenêtre de sa chambre. Elle me fait signe d'approcher et m'informe que sa mère l'a enfermée comme elle refusait de l'accompagner chez sa tante. Qu'à cela ne tienne ! Je vais chercher l'échelle derrière chez elle, je l'appose contre le mur et Jo descend. En fin d'après-midi, elle remonte et je remets l'échelle à sa place, comme si de rien n'était. Quand sa mère est arrivée, elle était toute contrite d'avoir enfermé sa fille… Parce que Agata, elle est pas commode. Cette belle plante, avec ses boucles brunes et ses larges créoles façon Gina Lollobrigida, sait se faire respecter ! Au contraire de nous trois qui avons une gentille maman et un père sévère, c'est l'inverse chez Jo. Son papa adore discuter et s'exprime dans un très bon français, contrairement au mien. Pendant des heures, il nous parle de ses talents de danseur durant sa jeunesse et du fait que toutes les filles le souhaitaient comme cavalier, alors qu'il était encore célibataire…

Notre petite Jo est d'une nature très émotive, tout comme sa maman et nous avons tendance à en jouer un peu. Ce jour-là, nous nous ennuyons un peu avec Jo. Tout à coup, celle-ci a une idée :

— Je vais m'allonger sur le sol à plat ventre, toi, tu plantes un couteau dans la planche au-dessus de moi et tu appelles la Petite Jo ! Aussitôt dit, aussitôt fait !

Je vais la chercher et lui annonce la terrible scène de laquelle je suis témoin ; elle se dépêche de descendre les escaliers. À la vue du spectacle, elle hurle le prénom de son amie en pleurant. Un peu penaudes devant cette réaction inattendue, nous ne pouvons pas rester sérieuses bien longtemps et notre Petite Jo retrouve vite le sourire.

— Josiane, Josiane !

Petite Jo descend et je lui propose d'aller faire un tour en face, dans la maison en construction. On s'y rend avec son petit frère, en se prenant pour deux exploratrices en herbe. En se promenant sous la charpente, dans ce qui sera peut-être la chambre ou la cuisine, le petit frère de Petite Jo s'accroche à une corde.

Je n'ai pas le temps d'intervenir ! La corde entoure un moellon qui repose sur la couverture. Celui-ci dégringole et heurte le front du petit. Ça saigne abondamment et la vue de tout ce sang provoque la panique générale. Nous filons chez les parents de Petite Jo où sa maman nous accueille à cor et à cri tandis que le papa manque de perdre connaissance. Lui, c'est un homme discret, plutôt austère, mais un tantinet coquin. Je dis cela parce que j'ai vu un autocollant sur sa voiture, représentant une femme nue à dos de cheval avec l'inscription : *pelo contre pelo*[24]. Cela m'interpelle toujours !

Elle, c'est l'italienne dans toute sa splendeur. Belle plante, toujours une blouse à fleurs sur le dos et une propension à prier tous les saints du paradis pour les implorer d'épargner les siens.

---

[24] Poil contre poil.

Nina

Tu te rends compte, la cousine de Marina, elle en parle encore des horreurs que vous lui avez fait subir ! il est vrai que l'on est très cruel quand on est enfant.

Tu ne sais pas si ce livre atterrira dans ses mains, mais si c'est le cas, permets-moi de lui demander pardon pour toi.

Toutes ces personnes riches d'enseignement, ayant évolué autour de toi pendant cette enfance insouciante, méritent un hommage. Un grand merci pour tous ces moments partagés, dans la grande famille des ritals.

Vanda

Souvent, ma sœur Vanda, plus âgée que nous, mène le bal pour nos expéditions à travers la campagne Vénissiane.

Cette fois-ci, ce sera à la Perrière. On forme deux bandes opposées – genre *Jets et Sharks*[25] – et on se rend dans un bassin de rétention d'eau, dans la zone industrielle. Après s'être rangés en rangs d'oignons face à face, de part et d'autre côté de l'eau et au signal de Vanda, la cheffe de la bande, les jets de pierre commencent ! À celui ou celle qui sera le plus fort ! Au bout de quelques minutes, la bataille tourne court ! Jo reçoit un caillou juste au-dessus de l'œil et ça saigne ! Une dame dans le voisinage immédiat la soigne et, de retour chez elle, elle raconte à sa mère qu'elle s'est pris le poteau au coin de la maison.

Puis, à travers champs, nous courrons dans la campagne. Il y a des vignes, le chant des oiseaux. En ce début de printemps baigné de soleil, notre insouciance nous porte en ce lieu magique, *le Pilon.* C'est un endroit merveilleux ! Des fourrés aux branches toutes enchevêtrées nous laissent juste un petit passage pour apercevoir, tapies au creux de la mousse, de gracieuses violettes. La senteur délicate des fleurs nous enivre et nous comble de joie. On les cueille dans le but de faire du parfum. À peine arrivées à la maison, avec les deux Jo, on fait bouillir les violettes, puis on filtre le jus obtenu ; à notre grand désarroi, notre préparation ne produit pas l'effet escompté ! Cela fait sourire Vanda. Vanda qui est un peu sadique comme bon nombre d'enfants. Elle aime bien mettre le feu aux poils des chenilles, lesquelles se tortillent sous

[25] Jets et sharks : deux bandes rivales dans le film de Robert Wise selon l'œuvre de Léonard Bernstein – West Side Story.

notre regard intéressé ! Petite Jo a peur des réprimandes de sa mère, son débardeur s'étant décousu sur l'épaule pendant notre virée au Pilon. Ni une, ni deux, Vanda choppe la petite Jo par le colback et réunit les deux bretelles par un gros nœud en disant : voilà, il est réparé !

Au bout du Chemin du Laquay, à gauche, il y a un grand champ en pente, magnifique terrain de jeu, toujours sous la houlette de Vanda. Du blé pousse ici, car Vénissieux est encore une commune très agricole à cette époque et nous, armés de serpes, on délimite des petites alcôves rondes en guise de chambres. Il y a là le beau Mimi Raton qui réside juste à côté de chez moi, son cousin Michele – en face –, mes copines, mais sans Marina, pas vraiment conquise par nos jeux de gamins. L'impression de liberté est grande, on se sent très responsable, des petits adultes en devenir. Je n'ose penser à la colère des paysans quand ils ont dû découvrir le massacre !

Vanda, du haut de ses quatorze ans, nous explique comment on s'y prend pour embrasser un garçon. Avec Jo, on est assises sur un petit banc, le long du garage à la maison et l'on a bien envie de tenter le *french kiss*. Nous nous empoignons et nous nous roulons une pelle en règle pour voir l'effet obtenu :

— Alors, ai-je demandé ?

— Ben rien, a-t-elle répondu !

C'est davantage par déception quant au manque évident de sensations que par souci de vérité, que je déclare :

— Mais quand même, c'était bien !

Pour sceller notre amitié, Vanda nous propose de procéder au rituel des sœurs de sang. Ainsi, après nous être légèrement entaillé le bout de l'index, nous les collons l'un à l'autre, Marina avec Jo et Petite Jo avec moi.

Vanda, elle, est sœur de sang avec notre cousine Gelsomina. Celle-ci habite une longère de terre battue, répondant au joli nom de ferme Hiver, au quartier du Pré Fleuri, près de chez nous. Lors d'une visite chez elle, nous nous promenons dans des jardins. Et là, surprise, de belles fraises nous font de l'œil ! ni une, ni deux, on les récolte à pleines poignées. Soudain, une matrone apparaît, foulard sur la tête, tablier sur la robe, une énorme poitrine lui descendant sur le ventre. La voici qui nous course en vociférant. Je n'ai pas couru ce jour-là, mais plutôt volé, mes petites jambes de six ans ne touchant pas le sol, les mains arrimées dans celles de ma sœur et de ma cousine ! Nous nous sommes cachées dans une maison en construction et nous avons regardé la furie qui courait toujours, la fumée lui sortant presque du nez, tel un buffle haletant. Ouf ! Cette journée avait mal débuté et la suite n'a pas été mal non plus. Nous avons voulu jouer à la dînette dans les champs et nos chaises étaient des… bouteilles de verre ! L'une d'elles étant cassée, un morceau de verre s'est logé dans ma fesse. Une infection s'est déclarée quelques jours plus tard et le médecin a dû me courir après autour du lit, pour m'en extraire le pus. *A ogni giorno basta il suo affanno*[26] !

---

[26] À chaque jour suffit sa peine !

Nina

Ah Vanda !

Vous avez vécu de belles années avant que la mésentente ne s'installe !

Elle ne mesurait pas ses paroles, tu les recevais de plein fouet.

Elle ne voulait pas se remettre en question, tu ne voulais pas te soumettre.

Elle a voulu rompre, tu n'as pas objecté.

Y a-t-il encore quelque chose à faire ?

Famille d'ici et d'ailleurs[27]

Papa et maman ont laissé leur famille respective à Alatri. Ils ont accepté cela comme une fatalité, bien que maman ait beaucoup souffert de devoir quitter son papa, Dionisio, qu'elle vénérait.

Elle vient d'un milieu très pauvre. Enfant, elle est bergère et garde les chèvres. Elle n'a que de pauvres guenilles sur le dos, sans chaussures. Pour vivre, elle va vendre quelques fromages de chèvre et des œufs au marché d'Alatri. Elle a deux frères plus âgés, dont le père de Gelsomina, lui aussi venu tenter sa chance en France, tandis que l'autre est devenu *carabiniero*[28] et a fait sa vie à Alatri, puis à Rome.

Elle perd une grande sœur Angelina, emportée par une pneumonie vers l'âge de dix-huit mois. Née en 1930, elle est enfant pendant la guerre et, lors des bombardements, elle se réfugie sous son lit. Lorsqu'un goumier marocain s'arrête devant chez elle, le regard dirigé à l'étage auquel elle se trouve, elle se cache aussi. Les viols sont courants en temps de guerre. Ces exactions sont bien dépeintes dans *la Ciociara*[29] et sont nommées « marocchinate » par les Italiens.

Lui a un frère et une sœur et vient d'un milieu un peu plus favorisé. L'élevage d'animaux, les arbres fruitiers et les oliviers de *Pignano* offrent de modestes revenus permettant à la famille de vivre décemment. On a toujours entendu dire que sa sœur, dont la pauvreté était extrême, a été contrainte de vendre l'un de ses fils à un cirque

[27] Inspiré du film Familles d'ici et d'ailleurs, de Catherine Boutaud et Pierre Primetens en 2012

[28] Gendarme.

[29] Film de Vittorio de Sica, en 1960, avec Sophia Loren.

ambulant, en tant qu'homme à tout faire. Cette histoire n'est pas sans rappeler celle de Gelsomina dans le film *La Strada*[30].

Pendant leur enfance, mes parents fréquentent peu l'école. Néanmoins, ils se souviennent du port de l'uniforme imposé et l'obligation d'exécuter le salut hitlérien, sous l'égide de Benito Mussolini.

En 1964, la maman de papa vient vivre chez nous durant quelque temps en France. Nonna Maria *Pistone*[31] n'est pas très avenante, sans être trop embêtante non plus. Mon père a hérité de son caractère dur et inflexible. Son époux, Vincenzo, est déjà décédé depuis un certain temps et je ne l'ai pas connu. Il est paralysé et maman s'occupe beaucoup de lui lorsqu'elle va vivre chez son mari à *Pignano.*

Le papa de maman, Dionisio, décède en septembre 1966. Elle apprend la terrible nouvelle par télégramme. Je la revois, fébrile, décachetant l'enveloppe. Quand elle réalise la teneur de la missive, elle se met à hurler en tressautant de tout son corps. Maman portait une véritable vénération à cet homme qui le lui rendait bien. Il la surnommait « la Rose de la famille », car elle était la seule fille de la fratrie.

Je ne mesure pas réellement l'ampleur de ce malheur, mais suffisamment pour comprendre que c'est grave. Papa l'entoure de ses bras sans rien dire.

Nonna Maria Cenerare, son épouse, ne lui survit pas longtemps. Tous reposent au cimetière d'Alatri.

Heureusement, je fais la connaissance de mes grands-parents juste avant, pendant les vacances d'été. Leur petite maison, de la Strada Statale, est en terre battue et a été restaurée par les frères et cousins de maman, par la suite.

Depuis leur décès, maman, pleine de dévotion, leur consacre un petit autel avec leur photo à la maison, toujours décoré d'un joli bouquet de fleurs fraîches.

---

[30] Film de Federico Fellini - 1954

[31] Surnom relatif au piston.

D'autres Italiens de la famille émigrent aussi en France avant mes parents. C'est d'ailleurs le père de mon parrain, Zio[32] Giovanni qui les fait venir. Mon parrain et ma marraine ont quatre enfants, dont Donato, membre de la bande des ritals au moment de l'adolescence.

Au mois d'août, c'est le retour au pays pour la majorité des Italiens du quartier. Ils se retrouvent à la Gare de Perrache pour un long voyage à destination de Rome, où chacun prendra un bus pour son village respectif. À peine installés dans les wagons, on voit déjà apparaître, tirées du sac, moult victuailles, comme le poulet, saucisson, qu'ils échangent entre eux.

[32] Tonton.

Nina

Le mariage de tes parents n'a été consenti qu'à condition que le frère de maman, Guarino, épouse Ermina, la sœur de papa. Il était de coutume que les filles partent habiter chez les parents de leur mari et les garçons restaient chez les leurs avec leurs épouses. Ainsi, ta maman est allée rejoindre son mari à Pignano et la sœur de papa est allée vivre dans la maison de la Strada Statale. Il en résulte un lien de parenté très fort avec tes cousines que l'on peut presque qualifier de sœurs. D'ailleurs, ta cousine/sœur Gelsomina a vécu quelques années en Italie avant que ses parents ne décident d'émigrer en France. Ainsi, il arrivait qu'elle accompagne nonno[33] Dionisio et l'ânesse Rosina, pour l'aide aux besoins domestiques. Un jour, elle a estourbi la portée de poussins qui se baladaient dans la cour de la maison. Nonna Maria Cenerare, ayant vu passer la poule seule, a demandé à Ermina, où les petits étaient passés. — Je n'ai rien vu, a-t-elle déclaré !

Tu la connais, toi, la vérité ! Mais, tu ne diras rien, tu as déjà piqué les hosties !

---

[33] Grand-père.

L'école de ma vie[34]

L'école Pasteur est un édifice construit au début des années trente et à forte symbolique sociale : c'est notre lieu de vie. Il existe même un livre retraçant son histoire et celle des habitants de Vénissieux pour la période 1934/2014.

Au printemps, le vol et les cris incessants des oiseaux, logeant dans les trous d'écoulement creusés dans l'enceinte du bâtiment, offrent un fabuleux spectacle.

Cette année et pour la seule fois de toute ma scolarité, je reçois une récompense pour la fête des prix. Cette cérémonie, récompensant les cinq premiers élèves de la classe, nous donne l'occasion de recevoir un beau livre. Pour moi, il s'agit de : « la ferme du Père Gringoire ». Quelle fierté d'être appelée sur la scène sous les applaudissements du public !

Depuis toujours, on entend parler de souterrains sous le bâtiment, reliant l'école à la mairie de Vénissieux. Peut-être, l'histoire des *arêtes de poisson*[35] lyonnaises est-elle arrivée jusqu'à Vénissieux ? En tout cas, cela a de quoi alimenter mon imagination fantasque.

Dans la cour, le jeu de billes, côté garçons. Je regarde à travers le portail de séparation, comme s'il pouvait donner accès à un monde interdit. Un mélange d'intérêt et de peur pour l'inconnu, difficile à appréhender.

---

[34] Inspiré du film L'école de la vie, de Gaëlle Thomas et Soiliho Bodin en 2021.

[35] Nom donné à un réseau de galeries antiques situé sous le plateau de la Croix-Rousse à Lyon, qui fait l'objet de recherche – Wikipédia.

En face de l'école Pasteur, il y a, en enfilade, le boulodrome en bas duquel poussent des acacias dont nous absorbons le suc des tiges sucrées, puis la mercerie, et l'épicerie-bar avec son comptoir, derrière lequel trône une jeune vendeuse blonde et plantureuse de notre quartier, et dont le regard rieur nous invite à faire des razzias de bonbons. Ainsi, pas de quartier pour les caramels, fraises, mistral, réglisse et Chupa Chups. Nous adorons ces sucettes et particulièrement celles parfumées à la fraise.

— Jo, t'as pas un franc ? On en aura une de plus ! Chouette !

De retour à la maison, les vénérées sucettes à la main, on improvise une petite danse autour de la maison de Jo, sur l'air de *Skippy le kangourou*[36].

Après l'épicerie-bar, on tourne à droite et il y a encore quelques maisons en pisé, des poteaux électriques en bois taillés en pointes de crayons, puis une entreprise tenue par un Italien dont la fille est une camarade de classe. Ici, on fabrique des structures métalliques. Le jeudi, parfois, elle m'invite chez elle et ouvre des tiroirs remplis d'énormes liasses de billets sous mes yeux ébahis. Tant de richesse contraste avec la rudesse de mon mode de vie et je reste bouche bée. C'est elle aussi qui m'initie à la danse classique pour laquelle j'ai une véritable vénération, dans la cour de l'école Pasteur.

Au CP, beaucoup d'enfants d'immigrés de plusieurs pays : le Portugal, le Maghreb, l'Italie se côtoient en bonne intelligence avec les petits Français. Même des petits gitans intègrent notre classe de temps en temps. C'est ainsi que je fais la connaissance de Lisa, petite bohémienne qui vit dans une roulotte, au stade Monery près de chez nous. Sa maman n'a pas voulu que j'aille lui rendre visite au campement, sans doute à cause de la précarité dans laquelle ils vivent. C'est elle qui est venue chez moi le temps d'un jeudi. Je l'aime beaucoup et quand, bien des années plus tard, j'entends la chanson de Gainsbourg, je pense immédiatement à elle.

Elisa, Elisa,

---

[36] Série télévisée australienne de 1968.

Elisa, saute-moi au cou
Elisa, Elisa
Elisa cherche-moi des poux,
Enfonce bien tes ongles,
Et tes doigts délicats,
Dans la jungle
De mes cheveux Lisa

Sur le chemin du retour de l'école, un attroupement se forme autour du cousin de Fiorella. L'histoire a de quoi nous faire frémir. On a enlevé sa cousine à la sortie de l'école ! En effet, dans les jours qui suivent, il n'y a plus aucune trace d'elle. En réalité, l'auteur de ce méfait n'est autre que sa maman qui s'est séparée de son mari. Fiorella est une petite fille domiciliée au bout du Chemin du Laquay et ma camarade de classe. Par la suite, la fillette est restituée à son père, mais le caractère de Fiorella devient difficile. Je comprends ses problèmes, car mes parents ne sont pas séparés, mais l'atmosphère familiale est parfois si lourde !

À l'adolescence, elle vient de temps en temps me rendre visite en pleurant comme sa mère lui manque et la compagnie de son père et de ses grands-parents, pas vraiment dans le coup, lui pèsent. Son père essaie de compenser l'absence de sa mère en la couvrant de cadeaux et en accédant au moindre de ses désirs. Elle est capricieuse, exigeante, autoritaire et teste son pouvoir de séduction sur tous les garçons alentour. Est-ce sa façon d'exister ? Par la suite, elle se fiance au frère de Jo, sans trouver ce qu'elle recherche ; mais le sait-elle ?

L'école est aussi fréquentée par des enfants d'agriculteurs dont la ferme est située route de Corbas ; il y a là une grande et belle rousse aux cheveux longs, dont le frère est handicapé mental, source de grande peur pour moi. En sortant de l'école ce jour-là, sa présence provoque un effroi irrépressible en moi. L'a-t-il ressenti ? Il se rue sur moi comme un animal et me bourre de coups. Ma peur atteint le summum, mais heureusement, sa sœur intervient rapidement, me délivrant de ma terreur.

Une fois par semaine, les enfants d'Italiens peuvent aller prendre des cours de leur langue maternelle à l'école. On apprend le vrai italien, puisqu'à la maison, on parle un dialecte approximatif. En classe, pourtant, quand la maîtresse m'appelle, j'ai honte de mon nom de famille.

Je suis d'une grande étourderie, pour le plus grand plaisir de mes copines. Pour preuve, maman me demande d'aller chercher du pain et je m'y rends à vélo. La boulangerie se trouve non loin de l'école, près du quartier du Chien. À mon retour, Marina, me voyant revenir à pied, s'inquiète de l'absence de ma bicyclette. Et me voici repartie en sens inverse, où je la retrouve appuyée contre le mur, juste à côté de l'entrée de l'abri antiaérien !

Notre tenue vestimentaire à cette époque n'est pas très flatteuse. Souvent, pour nous protéger du froid, nous arborons des robes par-dessus nos pantalons, avec des pulls tricotés par nos mamans, mais troués parfois.

Des sœurs missionnaires ont demandé le prêt d'un local à mes parents, destiné à l'enseignement du catéchisme. Cela se passera dans la petite pièce du bas, avec les petites filles du quartier.

Nina

À l'École Pasteur, la redoutable Madame Champdor : celle qui arrachait des touffes de cheveux à ses élèves, et criait tout le temps. Tu avais une trouille bleue de l'avoir au CM2. Heureusement, le bon Dieu a exaucé tes vœux !

D'autres ont eu à en souffrir comme Petite Jo qui s'endormait en cours ou Pierra dont les parents étaient toujours convoqués.

Au catéchisme, il y avait Pierra, Michella ainsi que Fiorella qui s'est donné la mort en juin 2022.

Vous écoutiez religieusement le discours des sœurs missionnaires vous racontant l'histoire de Jésus-Christ, vous sensibilisant à la lèpre, aux enfants souffrant de la faim dans le monde, et votre cœur se gonflait de compassion pour eux.

Pierra, la douce, rigolote et gentille Pierra ! Comment as-tu pu l'oublier pendant quarante ans, comment cela est-ce possible ? Pierra, que tu as côtoyée depuis ta plus tendre enfance et qui s'était beaucoup rapprochée de toi au moment de tes fiançailles.

Vous vous êtes retrouvées avec l'impression de ne vous être jamais quittées. La vie vous laissera-t-elle jouir de ces retrouvailles ou vous séparera-t-elle de nouveau ?

Actuellement, Pierra a quelques soucis de santé dus à l'âge qui arrive, comme nous toutes. Sa coiffeuse s'est bien marrée quand Pierra lui a confessé que, le soir, une fois qu'elle avait ôté son dentier, ses semelles orthopédiques, son appareil auditif et ses lunettes, elle pouvait enfin se laisser aller à un repos bien mérité !

Balade au centre de la ville[37]

Avec la Petite Jo, on fait croire à nos parents qu'on va à la messe. Pourtant, en réalité, on se rend au marché, place Léon Sublet, au Centre-ville, pour dérober des bonbons. Cette place est entourée par l'église, la mairie et un superbe immeuble de type haussmannien construit vers 1886 par un ancien ouvrier ayant fait fortune en exerçant le métier de coquetier[38]. Cette imposante construction est la seule de ce type dans le secteur avec Villeurbanne et elle contraste avec les petites maisons en terre battue de la fin du 19e.

Vite fait, on obéit à la requête de nos parents de faire bénir les rameaux juste avant la fête de Pâques, puis on retourne sur les étals, d'où les commerçants, méfiants, nous font déguerpir. Attention au garde champêtre qui, perché sur son vélo et dans son uniforme noir – mais peut-être est-ce bleu ? – sait faire régner le calme en cas de besoin.

Ce lieu de négoce, où l'on trouve de tout, y compris et surtout des pâtes de toutes sortes – dont les fameux cannelloni que j'encourage maman à acheter – est très vivant et très animé. De jolis vêtements feront notre bonheur quelques années plus tard, quand nos parents voudront bien engager quelques dépenses pour nous habiller plus coquettement.

J'accompagne souvent maman au marché à pied, distant d'environ deux kilomètres de notre domicile, papa n'ayant pas encore le permis de conduire. Au retour, mes petits bras sont étirés comme ceux d'un

---

[37] Inspiré du film Voyage au centre de la terre, de Henry Levin en 1959.

[38] Source : Expressions les nouvelles de Vénissieux.

primate, à force de porter des sacs trop lourds pour mon âge ; mais il faut bien que j'aide maman.

Son porte-monnaie à deux compartiments. Il y a un billet de cent francs à l'intérieur. À son grand étonnement, en entrebâillant le deuxième compartiment, il y a un second billet… Elle répète le geste une, deux, trois fois en pensant qu'elle est sous l'emprise d'un envoûtement quand, soudain, elle réalise que le revêtement séparant les deux parties a été arraché…

Marraine me donne vingt francs et je vais enfin pouvoir m'offrir les patins à roulettes dont je rêve, pour déambuler dans tout le Chemin du Laquay avec mes copains et copines. Malgré les recommandations de maman de mettre l'argent dans son porte-monnaie, je souhaite les garder pour montrer que je suis une grande, mais, au moment de payer le commerçant, je constate avec une grande tristesse que le billet n'est plus dans ma poche, je l'ai perdu… maman est gentille, elle paye les patins sans rien dire, bien qu'une bonne femme, passablement énervée par l'accrochage des roues du chariot de maman, la traite de « sale Italienne venue manger le pain des Français ! »

Vénissieux a eu sa part de gloire pendant la guerre de 1939/1945. Rue de la République, entre Vénissieux et Saint-Fons, les locaux de l'arsenal ont servi de camp d'internement à des familles juives avant leur déportation. Des œuvres charitables se sont introduites dans le camp en août 1942 et ont fait signer aux détenus des actes de délégation de paternité, concourant ainsi à secourir une centaine d'enfants. Bien que méconnu, ce sauvetage est un des plus spectaculaires de la Seconde Guerre mondiale[39]. Ces mêmes locaux ont ensuite servi de camp pour les soldats allemands prisonniers de 1944 à 1948.

---

[39] Source : mémoiresdeguerre.com

Nina

En 2020, pendant le confinement, tu as eu le désir de revoir le Vénissieux de ton enfance.

Avec émotion, vous vous êtes rendus dans tous les lieux fréquentés avec Tanguy, ton amoureux de toujours. Son quartier, le tien, le centre-ville avec la place Léon Sublet, l'église et la rue du château, l'École du Centre avec les locaux dans lesquels tu prenais tes cours de danse classique, l'École Pasteur, le quartier de la boulangerie, le quartier de la Gare, la Maison du Peuple et même un des copains de la bande, Julo, de loin... Même démarche, même chevelure. La réalité actuelle est un peu différente de celle de ton souvenir, comme si les distances, les formes des rues étaient un peu altérées, mais l'essentiel est là.

Beaux-frères et belle-sœur

Martial arrive dans la famille alors que je n'ai que six ans et épouse ma sœur aînée. Ce jeune homme, dont le papa était un ouvrier de RVI et la maman âgée maintenant, est, depuis toujours, sensibilisé à la condition d'ouvrier grâce à son appartenance à la jeunesse communiste. Tout naturellement, il est comme mon frère et s'occupe de moi, en m'expliquant – sans succès – les mathématiques. C'est un grand enfant et il consacre beaucoup de temps à mes amies et moi. L'une de ses occupations favorites est de nous embarquer dans sa R5 bleu ciel, pour nous faire faire trois fois le tour du Pré Fleuri – quartier de forme circulaire – jusqu'à en avoir le tournis, ou bien de nous emmener rendre visite aux femmes de petite vertu au quartier de Gerland. À nos signes de la main, elles répondent toujours gentiment. Quelquefois, on échange un peu avec elles sur des banalités. Mon beauf est un peu barge et j'aime bien cela. De temps en temps, il se prend la tête avec mon père et cela fait partie du folklore, même si tous les *Santi*[40] du paradis n'y peuvent rien. Pourtant, la plupart du temps, il rend de grands services à mes parents. L'autre jour, on a pu assister à un vrai match de boxe entre les deux. D'un côté, le balaise, une tête de plus que son beau-père et de l'autre, le petit râblé. Le ton est monté d'un coup, parce que mon père essayait de trouver une combine pour ne pas payer trop d'impôts. C'en était trop pour Martial et ses valeurs de droiture. Tête contre tête, les deux comparses vocifèrent à qui mieux mieux :

— Ettore, vous êtes un exploiteur !

— Moi, un explòtor ! Ma ché, Ma ché ! Mannagia[41] !

---

[40] Saints.

[41] C'est pas vrai, çà !

Une vraie scène de *Don camillo* et *Peppone*, au Chemin du Laquay !

Mon beau-frère et ma sœur ont un petit garçon au début de mon adolescence et ce joyeux bébé fait l'objet d'un amour incommensurable de ma part. Au moment de la toilette, ma sœur le blesse légèrement avec un coton tige. Ne trouvant pas de moyen de calmer ses pleurs, je lui chante une chanson de Claude François *Le lundi au soleil* et ses sanglots cessent instantanément. Merci Claude François !

Maman m'achète trois petits canards, baptisés *Fifi de la Saint-Médard, Riri de la Saint-Paulin* et *Loulou de la Saint-Barnabé.* En liberté dans le jardin, les sémillants palmipèdes se régalent de tendres salades, lesquelles affichent une triste mine au bout de quelques jours. Sans pitié, maman les attrape et les zigouille proprement en quelques minutes.

Le soir, au repas, mon beau-frère, devant mon air dépité, me dit :

— Ne t'inquiète pas ma poulette, tes canards, ils sont au ciel !

— Non, ils sont dans le frigo… !

Ai-je répondu tout de go, à la risée générale.

Au printemps, avec Martial, on monte sur la terrasse et, en haut du cerisier en fleurs, on admire un nid rempli d'œufs tachetés de brun. La nature est tellement belle en ce mois de mai que je me sens en harmonie avec elle, devant tant de splendeur.

À présent, Martial est nommé secrétaire de Mairie à Culoz dans l'Ain. La famille emménage là-bas et remonte nous voir durant le week-end. Un jeune homme, Roger Perthet, vient d'être recruté par la commune et dès que mon beau-frère me le présente, il flashe sur moi ! Mais je n'ai que treize ans et lui vingt et un. Néanmoins, je passe pour être sa « pastille euphorique ! » Étant informée de cette appellation peu flatteuse à mon goût, je rétorque :

— Quel con celui-là ! Qu'est-ce qu'il s'imagine !

Peu de temps après, c'est au tour de Jean-Paul, le futur mari de Vanda, d'intégrer la famille. Ce beau jeune homme, émigré en France en 1962, est né à Oran. D'Algérie, il garde l'accent du pays, le souvenir des fellaghas courant sur les toits des maisons pendant la guerre ainsi que le sourire de Norette, son premier amour. À son arrivée en France, la famille est logée dans des baraquements en région lyonnaise. Ce nouveau beau-frère est aussi très proche de moi. Exerçant le métier de chauffeur routier, il m'emmène plusieurs fois en livraison à travers la France et me couvre de petites attentions. Quand je repense à ces moments complices partagés, j'en ressens encore la saveur unique. Ma sœur et mon beau-frère ont, eux aussi, très vite, un petit garçon pour mon plus grand bonheur. J'ai deux petits neveux maintenant et je suis heureuse de partager leurs jeux en les regardant grandir !

Ils m'emmènent souvent lors de leurs sorties et c'est ainsi que je fais connaissance avec le quartier lyonnais de Bellecour, entre cinémas et pâtisseries que Jean-Paul m'achète, connaissant ma gourmandise. Au cinéma, on regarde l'*Aventure du Poséidon* et je frémis devant le mur d'eau dévastateur.

C'est avec eux aussi que je me rends à la fête du Parti communiste pour y admirer Michel Polnareff. La ville de Vénissieux est un bastion communiste depuis 1935 en raison de son histoire ouvrière très forte, grâce à son grand nombre d'usines.

Je me perds dans la foule et ma sœur et mon beau-frère ont une grande frayeur avant d'entendre mon nom au micro. De ce fait, je ne retiens pas grand-chose de la prestation du chanteur ; à peine ai-je remarqué la belle tenue qu'il porte, composée d'un haut largement échancré à lacets, avec des manches évasées et d'un pantalon super pattes d'éléphant.

Nina

Quand on est enfant, on ne se rend pas compte de la valeur des gens. Tu as eu deux beaux-frères extraordinaires et rien ni personne ne pourra changer cela. Ni l'amour que tu as pour tes petits neveux et nièces.

Tu devrais remercier ton beau-frère pour le temps passé à essayer de t'expliquer les mathématiques, en vain !

Quant à l'autre beau-frère, peut-être auras-tu l'occasion de lui dire, avant qu'il ne soit trop tard, combien il a compté pour toi !

Toujours le dimanche[42]

Le dimanche, toute la famille se retrouve autour de la table familiale, où l'on déguste la bonne cuisine de Mammina. Elle nous régale de polenta à la sauce tomate ou aux *broccoletti* qu'elle a remué énergiquement avec le *steneturo*[43] et qu'elle a servi sur une planche en bois, la *spianatòra*. Chaque convive mange directement sur la planche. Il y a aussi la *minestra con le pane sotto*, une soupe bon marché et très rassasiante, à base de légumes, légumineuses et pain rassis, qui est encore meilleure dégustée le lendemain, comme bon nombre de plats. Ses pizzas sont délicieuses, simplement agrémentées de sauce tomate, d'olives et d'anchois.

— Mamma mia ! Che bona la pizza[44] ! Aaaahhh ! s'exclame papa !

Également, les *cicerchie*, une légumineuse, que son père plantait dans le jardin, gage d'une année généreuse et florissante quand elle est consommée pour le Nouvel An en Italie, mais méconnue en France. Pendant qu'elle cuisine, papa annonce :

— Teng'dà i allou Chaffard pu le scarigo[45] !

C'est un régal pour les papilles même si le nettoyage des petits-gris n'est pas très ragoûtant. De retour, papa installe la râpe à fromage entre ses jambes, pour le pecorino qui sera saupoudré sur les pâtes, non sans avoir indubitablement déclaré :

— Ça, c'est le formagge qui pique la langua[46] !

---

[42] Inspiré du film Jamais le dimanche, de Jules Dassin en 1960

[43] Bâton de noisetier avec lequel on remue la polenta.

[44] Dialecte : maman ! qu'elle est bonne cette pizza !

[45] Dialecte et frantalien mélangé – Je dois aller au Chaffard (hameau de Satolas), à la chasse aux escargots.

[46] Frantalien.

Au dessert, il se délecte d'une pêche coupée en morceaux et trempée dans un demi-verre de vin. Peu à peu, la machine à faire les pâtes fait son apparition. Je passe beaucoup de temps à aider maman lorsqu'elle prépare les *fettucine, tagliatelle* et *spaghetti.* Il ne faut pas oublier le café italien, ou plutôt élixir de café. D'ailleurs, à Naples, existe le café suspendu : quand les clients prennent un café au bar, ils en commandent un ou plusieurs de plus, pour que les personnes nécessiteuses puissent venir se réchauffer et déguster un café gracieusement ! *Aucun acte de gentillesse, même petit, n'est jamais perdu !*

Papa, se réveillant de la sieste, se frotte les yeux, émet des bâillements sonores, se rince le visage à grand bruit, tout en demandant immanquablement :

— Marisé, me faï ne caffètin »[47] ?

Sous l'œil excédé de maman. En effet, à ce moment précis, on peut suivre exactement le cours de ses pensées :

— Comme si je ne le savais pas, qu'il faut lui préparer le café ! Poretta meïa[48] !

Maman ne réalise pas que « Marisé » est le petit mot d'amour de papa.

C'est aussi ce jour-là qu'elle nous raconte des histoires de *lupi mannari*, *streghe* et *spirdi*[49].

Maman explique qu'au début de leur mariage en Italie, à la fin des années quarante, mon père, quelquefois, sortait le soir pour rendre visite à ses copains, alors que ma sœur aînée était toute petite. Ce soir-là, le vent soufflait en tornades et l'atmosphère était sinistre. Ma mère sortit sur le balcon en s'écriant :

— *Ettore ! ientra, che le streghe me portene sa utra*[50] *!*

Elle raconte aussi l'histoire des villageois et la cuisson du pain, dans le four du village. Au moment de l'enfourner, une femme voit

---

[47] Dialecte : Marisette, tu me prépares un café ?
[48] Dialecte : Pauvre de moi.
[49] Loups-garous, sorcières, esprits.
[50] Dialecte : Ettore, rentre, car les sorcières vont m'emporter la petite !

deux yeux jaunes et brillants au fond du réceptacle. Affolée, elle va chercher le curé qui, arrivé à bon port, se met à prier en se signant :

— *Spirdo maligne, iesci de questo forno, qua dobbiamo infornare il santo pane*[51] *!*

Et l'esprit malin répond :

— *Quando e giorno, iesco*[52] *!*

En définitive, l'esprit malin était en réalité un pauvre bougre, lequel s'était réfugié dans le four pour se réchauffer.

Puis, celle du *spirdo* errant dans la campagne début 1900. Cet homme, de son vivant, était un voleur de moutons et les fermiers avaient décidé de le tuer pour mettre fin à ses exactions. Un soir, le brigand ayant accompli son forfait, un mouton aux pattes liées en écharpe autour du cou, déposa l'animal pour se reposer un instant. Un paysan qui faisait le guet, sortit d'un bosquet et le tua d'un coup de fusil. Depuis ce jour, on raconte que l'esprit du voleur erre à cet endroit, dans les bois de la *contrada*[53] de *Stero Mancini,* suscitant la peur des badauds qui passent leur chemin sans demander leur reste.

Quant au *lupo mannaro*, il existe ! C'est la maman de Marina qui l'affirme ! Dans leur village de Fontechiari, les villageois savent qui il est et ne l'approchent pas quand il se transforme, sous peine de se faire mordre ! Un jour, il défrichait sur son terrain avec son épouse ; l'ayant informé qu'il montait un peu plus haut, il s'est soudainement transformé devant elle !

Quand on ne parle pas des *lupi mannari*, papa aime bien regarder une série à la télévision, comme *Walker Texas Ranger* avec Chuck Norris. Allez savoir pourquoi, dans l'imaginaire de mon père, Cordell Walker, le héros, est rebaptisé *Jan Kichton.* Papa joue du poing comme lui en disant : « Jan Kichton, mon weuh hè[54] ! »

---

[51] Dialecte : Esprit malin, sors de ce four, car nous devons enfourner le pain sacré !

[52] Dialecte : Quand il fera jour, je sortirai !

[53] Quartier, contrée.

[54] Jean Kiston, mon vieux, hein !

Nina

Le week-end, quand il faisait beau, les gens du quartier se réunissaient après le repas du soir, recréant ainsi l'Italie de leur enfance. Tout ce petit monde se retrouvait là pour de longues soirées sous les étoiles, assis sur les chaises sorties pour l'occasion, et jusqu'à l'avènement de la télévision à la fin des années 60, au grand regret de Jo.

Quant aux histoires de lupi mannari, stregghe et spirdi, elles ont nourri ton imaginaire grâce aux récits de ta maman et des Italiens du quartier.

Bonjour l'hiver[55]

Un hiver en particulier a marqué ma mémoire, celui de l'accident de la raffinerie de Feyzin. Les habitants de Vénissieux regardent la torchère géante, apparue tôt ce matin, sur le site. Nous, on monte sur la terrasse du Château pour l'observer. Tout le monde se demande ce qu'il se passe. On apprend la propagation d'une fuite de propane. Vers 8 h 45, une première explosion, faisant treize victimes, se fait entendre, suivie d'une autre un peu plus tard… Chez nous et les voisins, les vitres tremblent. Le souffle de l'explosion se ressent jusqu'à Vienne, produisant des dégâts sur certaines habitations. C'est la plus grosse catastrophe industrielle en France.

Heureusement, les hivers apportent aussi un peu de joie dans nos cœurs. Vénissieux revêt son manteau blanc. Les pas sont amortis dans la neige, rien ne bouge, à part *mézigue,* en quête de camaraderie. C'est Jo qui me répond la première et nous décidons d'aller faire de la luge derrière chez elle, où ses parents ont entrepris une nouvelle construction. Pour l'instant, seule la descente du sous-sol est ébauchée et c'est là que nous décidons de faire quelques tours. Si les deux premiers se déroulent bien, au troisième et dès le départ, la luge se met en travers, prête à la culbute deux mètres plus bas. Surtout, ne pas remuer, pour garder un équilibre précaire ! Les secondes passent…

Je ne peux attendre plus longtemps ; je me déplace légèrement et aussitôt, nous nous envolons dans les airs, luge par-dessus tête. La

[55] Inspiré du film Adieu l'hiver, de Helke Misselwitz en 1989

neige amortit notre chute, mais mes lunettes sautent de mon visage et vont se nicher quelque part sous l'étendue blanche.

À quatre pattes, je les cherche en appréhendant déjà la réaction de maman, néanmoins, je les retrouve assez vite. Quand je rentre à la maison, mes mains sont gelées et Vanda me conseille de les mettre sur le radiateur. Si la sensation est agréable au début, la douleur devient vite insupportable. Je connais là mes premières engelures.

Après le goûter, composé d'une tranche de pain beurré avec du cacao par-dessus, je retrouve Jo et nous allons nous raconter des petits secrets dans la salle à manger. Papa entre, se dirige vers la porte-fenêtre et, tout en regardant le paysage, lâche un pet tonitruant, comme si de rien n'était. La tête de Jo fait un quart de tour instantané dans ma direction, les yeux interrogateurs. Je hausse les épaules comme pour dire :

— Fais pas attention…

Elle dit doucement :

— Il est fou ton père !

Puis, papa ressort, toujours l'air de rien.

Le lendemain, il repère, par la fenêtre de la cuisine, une nuée d'étourneaux venus se reposer dans le cerisier avant de reprendre leur migration. Vite, il va chercher son fusil avec l'intention de tirer dans le tas. Je profite de son absence pour ouvrir la fenêtre et les faire fuir. Il ne s'aperçoit de rien : ce ne sera pas cette fois-ci qu'il pourra se délecter de sa fricassée de *storni*[56] !

En chasseur chevronné, papa passe de longs moments à préparer ses cartouches. Bourre, poudre, plomb, sertisseur, tout ce matériel lui sert à fabriquer l'attirail qu'il utilise. Le dimanche matin, il part avec sa chienne, Diane et, à son retour, fier de lui, il tire de sa gibecière le produit de sa chasse, les yeux brillants du bonheur de nous le montrer. C'est un de ces matins que papa trouve son animal de compagnie raide mort dans sa niche. J'ai beaucoup de peine !

---

[56] Étourneaux.

Des voisins se plaignent d'un énergumène qui tire trop près des habitations et la police patrouille dans le quartier, à la recherche d'un témoin. Papa se porte volontaire pour faire une déposition au commissariat. Il monte en catastrophe pour avertir maman de son départ, mais, sous le coup de l'excitation et du stress, il ne lui en explique pas la raison. Et voilà papa dans le panier à salade, laissant maman en plein désarroi ! Sacré papa !

Dans la petite cave du *château*, outre les bouteilles de coulis de tomate fabriqué maison et la réserve de vin rouge, il y a un coffre rempli de livres d'auteurs classiques comme : *Vipère au poing, l'homme invisible, les raisins de la colère, le Grand Meaulnes,* etc., qui me permettent de meubler le temps et sa *langueur monotone*[57].

Cet hiver-là, le froid est si intense que le givre dessine sur les vitres de la salle à manger, des flocons de diverses formes aux reflets argentés ainsi que des hautes herbes, d'où émerge une biche aux jolis yeux ourlés qui me regarde. J'en garde le souvenir du merveilleux !

---

[57] Clin d'œil à Paul Verlaine.

Nina

Est-ce que les étourneaux se posent encore sur le cerisier de nos jours ?

On m'a dit que le nouveau propriétaire, un jeune Italien, a installé une piscine ; il est donc possible que le cerisier n'existe plus.

Il prend grand soin de la maison familiale.

Dans la salle « frisette », c'est sa famille désormais qui perpétue les fêtes, comme nous à l'époque. On m'a dit aussi que le nouvel habitant l'a transformée en salle de sport.

Est-ce que le Chemin du Laquay a gardé des molécules de nous dans son âme ? Et qu'en est-il de l'École Pasteur ?

Lolita[58]

Le temps a passé doucement – mais pas encore déchu le prince charmant[59] – nous amenant peu à peu au début de l'adolescence. Les *lolitas* se transforment en jolies jeunes filles. Marina arbore une superbe poitrine alors que Petite Jo est plate comme une limande. On lui dit, pour la rassurer, de se comparer à Jane Birkin, égérie androgyne, mais rien n'y fait, elle est complexée. Se passer des glaçons sur la poitrine est une bonne solution pour la faire croître, a-t-on entendu dire, alors on allonge la Petite Jo sur la table chez Marina, pour lui prodiguer des massages revigorants. Celle-ci supporte le froid sans broncher, même si, sur le moment, sa poitrine ne pousse pas d'un millimètre. Dans quelques jours peut-être… ! Par la suite, elle bénéficie d'une épilation des aisselles, au cours de laquelle elle manque de tourner de l'œil et repart chez elle avec un bras épilé et l'autre pas…

C'est le temps des mini-jupes et des yéyés. Moi, c'est Vanda qui coud mes vêtements avec grand talent, puisqu'elle apprend la couture. Son souhait étant de devenir modéliste, elle confectionne aussi des articles identiques pour nous quatre, tels que : robes, caracos à smocks, mais dans des couleurs différentes.

On lit *Salut les copains* ou *Mademoiselle âge tendre*. Quatre jeunes garçons dans le vent font un triomphe sur les toits d'un studio de Londres, le beau Mick Jagger se déhanche sur *Paint it black* et John Lennon chante *Hey Jude*.

---

[58] Inspiré du livre Lolita, de Vladimir Nabokov en 1955

[59] Paroles de Michèle de Gérard Lenorman.

Les garçons du quartier commencent à nous regarder d'un œil différent. Alessandro, l'amoureux de Marina, l'admire de loin. Il est si timide qu'un rien le fait rougir. Et moi, avec ma malice légendaire, je ne manque pas de provoquer cela : on les intimide, avec ma copine Fiorella, lui et Jean-François, en leur proposant de leur *rouler une pelle.* On a fait mouche, ils se sont planqués derrière les persiennes.

Tiens, voici *Aldo la classe* qui arrive, fesses cambrées et, en un claquement de doigts, il dit :

— Ma ché ? Ma ché ?

Tout le monde éclate de rire

Aldo la classe, c'est notre copain dont la maison est située juste derrière chez nous ; il a le même phrasé qu'Aldo Maccione dans *L'aventure, c'est l'aventure*[60] et il imite à la perfection ce nouvel acteur humoristique. Le surnom de notre pote pourrait aussi bien être *Aldo la Malice*, en référence à ses tentatives de charme, pleines de sourires et facéties à l'italienne.

Le plus souvent, nous nous rassemblons devant chez Jo, dont le grand frère fédère le regroupement de tous les copains du quartier. Il y a là Jean-François – le plus jeune de tous – au joli sourire et très timide, Enzo l'amoureux secret, Claudio le beau et doux jeune homme, Alessandro, garçon doux et sentimental, son cousin Pietro au sourire ravageur, *Tarzan* qui fonce toujours sans réfléchir, Philibert jeune homme aux traits poupins, *Aldo la classe* bien sûr et enfin Patrice, le frère de Jo.

De temps en temps, la bande compte en plus la présence de Donato, drôle de personnage et fils de ma marraine, Marc Alonzo, jeune homme sympathique, *Surgitto*[61], très gentil, et enfin Frantz, émigré depuis peu, à la recherche d'une épouse. Il s'intéresse à moi pendant quelques jours, mais il est bien plus âgé que moi…

Il y a peu de passage au Chemin du Laquay ; la route est notre grand terrain de jeu. Ainsi, on trace à la craie blanche le jeu, *je déclare la*

---

[60] Film de Claude Lelouch.

[61] Petite souris.

guerre et on s'amuse des heures entières avec les copains. Cela donne matière à Alessandro pour approcher Marina d'un peu plus près.

Pendant les chaudes soirées des mois de juillet, à cheval sur la Grande Ourse, ou bien assis sur un croissant de lune, nous voyageons à travers la mystérieuse Voie lactée, émerveillés par la beauté de l'univers et son insaisissable mystère.

Les garçons montent une expédition pour aller chiper des fruits au verger du Monery. Si la récolte est bonne, ils reviennent avec les bras tout rouges, à cause d'une variété de chenilles urticantes, nichées là pour protéger les arbres d'intempestives razzias. Ils ne renouvelleront pas l'expérience !

Ma chambre ressemble à celle de tous les ados de mon âge, tapissée de posters de Gérard Lenorman, mon idole, et de poulbots[62]. La nuit, le poster dans lequel Gérard Lenorman prend la pose avec un chat sur l'épaule me fait un peu peur, surtout depuis que j'ai vu l'*Exorciste* au cinéma.

Elle sert aussi de rassemblement lorsque mes parents sont absents. Ce jour-là, nous sommes avec nos petits copains, cependant, ceux-ci sont plongés dans la lecture de livres érotiques, prêtés par une fille du quartier. Nous patientons en silence afin que ces messieurs veuillent bien s'intéresser à nous, mais sans succès. Finalement, je prends le taureau par les cornes : après avoir fait exprès de sonner chez moi, je prétexte que la copine vient chercher ses livres et que je dois lui rendre sur le champ. Ceux-ci confisqués – pour la bonne cause –, nous avons enfin nos petits mecs pour nous. Non, mais !

La fête du Parti est annoncée ! Je guette l'arrivée des forains et les regarde installer leurs manèges. Je réussis à obtenir quelques tours d'avion gratuits en proposant au propriétaire de les nettoyer. Quelle fierté de pouvoir goûter aux fruits de mon travail !

Nous attendons toujours cette fête avec impatience. Avec Marina, on se rend à Saint-Priest à pied – quatre kilomètres – parce qu'on y

---

[62] Francisque Poulbot (1879-1946) – illustrateur et habitant de Montmartre – ses illustrations des titis parisiens de son quartier étaient très en vogue dans les années 70.

trouve quelques boutiques pas chères. Ce sera le moyen d'acquérir des vêtements neufs à l'occasion de ce grand événement. J'achète un jean pour dix-neuf francs ! En rentrant, ma mère nous traite affectueusement de *gèvra*[63] – elle doit penser qu'on est folles d'être allées à Saint-Priest à pied – et depuis, le surnom est resté.

La fête du parti, c'est l'occasion d'avoir un peu de liberté, de se prendre pour les maîtresses du monde. Pas pour bien longtemps ! Mon père sort de, je ne sais où et m'intime l'ordre de rentrer à la maison. Jouant de son autorité, il apostrophe également Jo qui m'accompagne et, pointant un doigt menaçant en direction du quartier, il lui ordonne :

— Djaqueli[64] ! Tu rentres à la maison !

Le regard interloqué de Jo indique qu'elle ne sait pas si c'est bien à elle qu'il s'adresse. Eh oui, je ne m'explique pas pourquoi papa a toujours eu du mal à appeler les deux Josiane par leur prénom : Djaqueli c'est plus simple ! Elle recule de quelques pas avec hésitation. Il n'insiste pas.

À cette période, j'ai un petit copain tout blond, tout mignon, avec de jolies boucles. Ce n'est qu'une amourette, mais plus tard, il sera l'amoureux de Jo, pour une romance de longue durée. Il est très affectueux, mais un jour, ma mère me demande d'aller chez la coiffeuse du quartier pour une coupe. Ah, pour couper, elle coupe ! j'ai tellement honte en ressortant que je cache ce qu'il reste de mes tifs, sous un béret. Mon petit copain me demande de l'enlever, il ne se moquera pas… je le retire, il s'exclame « ah ouais ! » La honte de ma vie !

Soit dit en passant, cette coiffeuse est une très belle femme. Elle est brune, plantureuse et sait se mettre en valeur, en entourant ses jolis yeux marron d'un trait d'eye-liner, qui lui sied à merveille. L'été, elle bronze sur sa terrasse pour le plus grand plaisir des ritals du quartier, dont la vue de la belle créature, les pousse à s'étirer le cou comme des autruches. C'est vrai qu'elle dénote de nos mamans !

---

[63] Frantalien : mélange de chèvre et de capra.

[64] Avec l'accent !

Je fais de grandes expéditions avec la 102 de maman, étant donné que mes parents se rendent à leur travail en mobylette, papa n'ayant pas encore le permis de conduire. D'ailleurs, malgré plusieurs tentatives infructueuses en France et après y avoir laissé un bon pécule, il finit par obtenir le précieux document en Italie, moyennant une coquette somme d'argent. Pourtant, papa est un réel danger public – terme largement employé par la famille – il est stressé au volant et ne voit rien ni personne. Il se demande pourquoi ses bras lui font mal, après un long trajet. « Décrispe-toi, lui ai-je conseillé ! ». Et sainte maman qui doit supporter la chaleur dans le véhicule sans pouvoir ouvrir les fenêtres, sous peine, dit-il, de déséquilibrer l'auto ! *Mannaggia* !

Papa et ses lubies ! Drôles parfois, mais aussi pénibles pour maman. À table, il lui arrive, quand il pèle une orange, de se presser le jus contenu dans la peau, directement dans les yeux. Devant notre air perplexe, il nous explique que c'est bon pour la vue et qu'il y a des personnes chargées d'extraire le jus des agrumes à l'aide de seringues… D'autres fois, il se masse les jambes avec une perceuse en état de marche pour, dit-il, activer la circulation du sang ! Quel phénomène !

Tous les ritals du quartier ou presque ont leur mobylette. Jo veut tester. Je monte derrière elle, mais le tour est de courte durée. Elle ne peut contrôler le guidon et nous nous vautrons toutes les deux. Verdict : collant troué et une grosse plaie au genou pour Jo ! Chez elle, sa mère, levant les bras au ciel, la dispute à cause de son collant, sans tenir compte de sa blessure qui saigne abondamment. Elle doit se débrouiller toute seule pour se soigner. *Aiutati che il cielo t'aiuta*[65] !

[65] Aide-toi, le ciel t'aidera !

Mes années collège[66]

— Longhi, tu dragueras Scaccia à la récré !

C'est en ces termes que s'exprime le prof d'anglais. Le type est grand et massif, de gros grains de beauté sur son visage encadré de boucles brunes et il remarque que ledit Longhi me fait des sourires.

Au départ, j'ai une frousse énorme de ce grand gars. Cependant, il se révèle être un prof extraordinaire et il m'a à la bonne, grâce à mes bonnes aptitudes pour la langue de Shakespeare.

Il est amoureux de Cléopâtre, la prof d'histoire/géo, qui compare son nez à celui de la grande reine en nous montrant son profil, attendant l'approbation que nous nous empressons de lui donner. Manque plus que la couronne, la crosse et le fléau et le tour est joué ! Quand même, son fond de teint couleur ocre s'arrête net en bas de son visage, formant un contraste du plus mauvais effet avec la peau de son cou, largement plus clair.

Tout à l'heure, nous avons cours de géographie avec notre beau professeur et, en attendant, un petit moment chez ma copine Nicolette nous permettra de passer un moment en tête-à-tête. Elle, elle fume des gitanes maïs sans filtre et elle me propose d'essayer. Si je ne ressens rien de particulier au début, je commence à me sentir mal maintenant et l'heure du cours approche. Un malaise intense m'envahit, je ne peux plus me traîner et Nicolette est enjointe à me tirer pour rejoindre le collège. L'enseignant ne fait aucune remarque, il consent même à ce que je reste dans la classe pendant la récré.

Il y a aussi mes copines Fiorella et Claudie dont l'assiduité en classe est toute relative. Arrivées devant le collège, au lieu de nous

---

[66] Inspiré du film Les années collège, de Linda Schuyler et Kit Hood en 1987

rendre en cours, on laisse nos cartables contre le mur, à l'extérieur, pour aller se balader. À notre retour, ceux-ci ont disparu ! Obligées d'aller chercher des explications auprès du Secrétaire général, l'accueil est cinglant ! Cet homme sévère et autoritaire nous fait un sermon avant de nous rendre nos cartables, en menaçant d'avertir nos parents si cela se reproduit !

Il arrive aussi qu'à notre arrivée devant l'établissement, Fiorella et Petite Jo me maintiennent contre le mur pour m'empêcher de me rendre en classe, jusqu'à ce que la sonnerie annonçant le début du cours retentisse… Une fois l'heure passée, je repars – de bonne grâce – avec elles pour aller nous faire de la crème au chocolat dont Vanda m'a donné la recette, à la maison.

Finalement, on devrait faire sauter plus souvent ; de toute façon, dans quelques jours, on va faire une grève contre la *réforme Haby*[67] – le savoir minimal –. S'ils croient que l'on va se laisser faire, ils vont voir de quoi on est capables. David Bowie chante *Rebel, Rebel* et ça colle parfaitement à notre état d'esprit du moment.

Johnny Hallyday a sorti un nouveau tube : *Oh, ma jolie Sarah.* Est-ce la sonorité résolument blues ? Cette chanson me fait tout de suite vibrer et je m'empresse de me procurer le 45 tours. Je pense qu'un certain mercredi, tous les Italiens du quartier ont dû se boucher les oreilles, parce qu'avec la Petite Jo, on a gueulé dessus des heures durant.

Et puis, c'est le moment des boums le mercredi après-midi. On a la permission d'en faire une chez Petite Jo, mais sans la présence de Nicolette, ma camarade, jugée trop jolie. À la place, on invite une autre copine du quartier. Il y a là de jolis garçons de Saint-Priest et, avec la Petite Jo, on s'époumone sur *Le premier pas* de Claude-Michel Schönberg, un slow très romantique. Manque de chance, Nicolette apprend qu'il y a une boum chez Petite Jo et elle se pointe… Tous les regards masculins se tournent vers elle à notre grand désespoir !

---

[67] Réforme pour le « collège unique » en 1975.

Nina

Dans la même classe que Fiorella, le prof d'histoire/géo a cité la Montagne pelée. Comme tout prétexte est propice à la rigolade, vous vous tordez de rire alors que l'enseignant a du mal à cacher son agacement. Il frappe le haut du tableau avec sa règle en disant :

— C'est la montagne pelée qui vous fait rire, c'est la montagne pelée ?

De même, lorsque le prof de maths a demandé à Fiorella de dessiner un arbre au tableau, il s'en est fallu de peu qu'elle n'ébauche un arbre à feuilles.

Concernant toutes les crèmes au chocolat ingurgitées au cours de ces années, tu te rends bien compte qu'elles ont laissé des traces indélébiles sur ton corps.

Tu ferais bien de faire un régime !

Historiettes du quartier

Je n'ai pas cours aujourd'hui. Papa en profite pour me mettre à contribution. Il veut venir à bout d'une colonie de souris, nichant dans le garage. Il enserre de liens le bas de mon pantalon de velours noir. Tous deux, nous devons faire du bruit afin de faire sortir les rongeurs, dans le but de les exterminer. Contrainte d'obéir, mais terrorisée, je commence à taper avec mon bâton. Au début, rien ne se passe ; je me dis que je vais peut-être échapper au pire. Mais, très vite, une, deux, trois souris commencent à courir de-ci, de-là ! Maintenant, il y en a partout ! Papa ouvre la fosse de réparation qu'il a remplie d'eau. Les bestioles, affolées, se jettent dedans et meurent noyées, d'autres sont écrasées contre le mur, d'autres encore sont frappées à coups de bâton. Je cogne avec l'énergie du désespoir que la peur galvanise.

Papa est fier du résultat, il ne se rend pas compte de ma grande frayeur et montre son approbation.

Le père de Petite Jo amène un chien à la maison dont la présence agace son épouse. Un canard, mis à décongeler, fait le régal de l'animal. Petite Jo, avant que sa mère ne découvre le pot aux roses, le remplace par un poulet, sans s'en apercevoir.

La maman jette un regard dubitatif à la volaille avec la sensation d'être la proie d'un envoûtement.

Nina

Que ne faisiez-vous pas, pour ne pas vous faire disputer par vos parents !

Vous avez dû faire, plus d'une fois, preuve de perspicacité pour élaborer des plans tordus qui, heureusement, fonctionnaient la plupart du temps.

Les gentils et les méchants

Je viens de terminer ma relation avec Raphaël, au quartier du Charréard et ce garçon, très amoureux, accepte mal la séparation. Je suis à bord de la R5 bleue de mon beau-frère avec Jo, quand il commence à nous prendre en filature, en mobylette. Au début, Martial croit à un jeu, mais, devant l'air sombre de Raphaël, il commence à transpirer à grosses gouttes tandis que Jo et moi n'en menons pas large. La mobylette ronfle au maximum et le Pré Fleuri défile à toute vitesse, la petite R5 prenant des virages inconsidérés. Finalement, malgré le tournis, nous finissons par le semer.

Quant à Marina, elle vient de faire la connaissance de celui qui restera à jamais dans son cœur. Vêtu d'un jean pattes d'eph, blouson court sur une chemise à grand col et chaussures pointues, il a une fossette au menton qui la charme immédiatement.

C'est elle qui nous fait connaître la bande surnommée *les loubards du boulevard Ambroise Croizat.* Elle se rend à une fête au parc Dupic[68], à Vénissieux avec sa copine, où se produit le groupe Martin Circus et elle échange son premier baiser avec lui : un baiser à la Clark Gable dans *Autant en emporte le vent* qu'elle n'oubliera plus jamais. Son amie, un peu délurée, la fait boire. Comme elle ne ressent aucun effet, elle continue et, finalement, c'est en état d'ébriété qu'elle rentre chez elle. Son père, pour la première fois de sa vie, la gifle en la traitant de *disgraziata*[69] et, en punition, lui fait désherber le jardin.

---

[68] Autrefois, château Sandier, du nom d'une riche famille bourgeoise de la fin du 18e siècle.
[69] Malheureuse, misérable !

Quand la bande arrive au Chemin du Laquay, on se croit dans un *enfer d'acier* façon Johnny Rider. Les mobylettes et Gitane Testi pétaradent, les tatouages, les blousons et longs cheveux font sensation. Nous voici transportées à New York, au quartier de Little Italy et nous, les petites ritales, on est toutes fières de l'intérêt de ces grands garçons.

Dans la bande, il y a un gars déconneur aux longs cheveux bruns, Norbert dit Totol, qui sort avec Petite Jo lors d'une petite fête improvisée chez Jo. Leur histoire connaît des hauts et des bas, comme le flirt éphémère de Totol avec Yvette, sœur de Julo. Nous allons rendre visite à Yvette avec Petite Jo, afin de mieux saisir la nature de leurs sentiments et celle-ci lui fait croire qu'ils s'aiment. Petite Jo est en larmes, bien que je lui fasse remarquer qu'elle a peut-être menti.

— Quelle *zoccola*[70] la traite Petite Jo quand cela est confirmé ! Elle me fait rédiger des lettres enflammées à Totol qui, pour l'instant, lui préfère des filles pouvant sortir plus facilement, tout comme la blonde Josette de Corbas. Avec Petite Jo, nous nous amusons à prendre le couple en filature et nous livrons à toutes sortes de moqueries, le long du boulevard Ambroise Croizat ; c'est notre manière de nous venger ! Petite Jo fait même une tentative de suicide. Quand je lui rends visite, je la trouve au lit, en train de gueuler après une fille venue lui apporter son soutien, à l'aide de discours bibliques qui, au lieu de la réconforter, l'énervent encore plus et réclamant ma présence. La nana fout le camp et je comprends que mon amie ne risque rien, puisqu'elle n'a avalé que deux cachets d'aspirine. Satanée Petite Jo, và !

Malgré tous ces rebondissements se profile une belle romance.

C'est aussi à cette occasion que je sors avec Bouboule, un très joli garçon aux boucles blondes. Maman vient me chercher le soir chez Jo et il a juste le temps de se planquer derrière la voiture dans le garage. Maman fait le tour du véhicule et Bouboule se déplace en même temps. Elle se doute de quelque chose et me force à rentrer à la maison. Fiorella, la petite allumeuse du quartier, est déjà en place pour me le piquer. Malgré son air angélique, Bouboule n'est pas très gentil avec

---

[70] Salope.

moi et, à cause de lui, je connais les affres d'un premier amour non partagé.

On trouve également Zouzou, beau jeune homme sur sa bécane rouge et dans son pantalon *moule burnes,* Boxeur, jeune homme rêveur, la Chèvre, la gentillesse incarnée, Julo, garçon aux cheveux longs et à l'éternel pull rayé, bouboule, beau comme un dieu et qui m'a déjà égratigné le cœur, Bono, super mignon dans son petit jean moulant et transportant La Mouine, son frère – portrait craché de la Teigne du chanteur Renaud – sur sa mobylette, au guidon monté à la Harley-Davidson, Rémy, l'amoureux de Marina, à la fossette façon John Travolta, et bien entendu, mon ami Totol, pour n'en citer que quelques-uns.

Mon amoureux est le beau Bono et je remplace quelquefois son frère, sur le porte-bagages de la bécane rutilante. D'ailleurs, c'est au cours d'une balade avec lui que je rencontre le grand amour de ma vie, Tanguy, l'un des garçons les plus jeunes de la bande, adolescent blond avec des taches de rousseur. Au cours d'une boum chez moi, nous faisons plus ample connaissance, sur des airs de Mungo Jerry et Gary Glitter et nous dansons en harmonie en nous tordant de rire, car Tanguy a le rire communicatif. Fiorella est déjà en lice pour le séduire, mais celui-ci cerne vite la situation. Ainsi commence ma romance avec mon amoureux de toujours. Au parc de Berliet, il me demande à quel moment je vais me décider à lui dire, je t'aime et quand je lui fais remarquer qu'il ne me l'a jamais dit non plus, il réplique :

— Mais, je peux te le dire moi que je t'aime, je t'adore même !

À partir de ce jour, Laverdure me laisse sa place dans le cockpit et depuis, les *Chevaliers du ciel*[71] forment un couple indétrônable, à bord d'un aéronef qui est loin d'être un mirage, même entrecoupé d'autres aventures intergalactiques. Il a quand même dit à ma copine qu'il me gardait pour la fin ; je ne me fais plus de souci donc !

[71] Les Chevaliers du ciel : série télévisée de Jean-Michel Charlier, années 60.

Alessandro et les autres copains restent chez eux en pensant qu'ils se sont fait souffler les filles par les loubards. *Bisogna battere il ferro sin quando è caldo*[72] *!*

Si les jeunes garçons qui viennent nous voir sont de gentils voyous, il n'en est pas de même pour d'autres qui ont infiltré la bande. Ainsi, nous faisons la connaissance d'un vrai repris de justice. Un soir, il arrive au quartier et demande à Jo de lui cacher du matériel volé tel qu'un autoradio et divers objets… À cette époque, nous ne réalisons pas qu'il s'agit de recel de vol.

Un peu plus tard, coursé par la police au boulevard Ambroise Croizat, il passe au travers de la porte vitrée d'un HLM pour lui échapper… Il peut remercier le ciel que les flics aient eu un *coup de mou dans la gâchette*[73] !

Ce soir, deux des gentils loubards sont à bord de leur véhicule. Petite Jo, juste devant chez elle, est soulevée, passée par la vitre de la voiture et se retrouve allongée sur les deux garçons. Heureusement, sa vertu est juste égratignée par un *passage de pognes*[74] en règle. J'ai peur que son père l'aperçoive, mais elle, elle se marre. Pas comme l'autre jour, quand, au boulevard Ambroise Croizat, les méchants l'ont coincé dans la cave afin de lui voler le joli saxophone en or autour de son cou ; un attroupement la cernait et j'ai alerté les gentils. La Chèvre a gueulé et la bande s'est dispersée comme une volée d'oiseaux de mauvais augure.

Une partie des copains a passé son permis de conduire et, le week-end, on part tous ensemble à *Katmandou*[75], lieu de baignade en pleine nature à Chuzelles. Sur la *grise*[76] de Tanguy, on fait de grandes balades jusqu'au camping de Leveau – près de Vienne – où ses parents passent l'été. On s'embrasse à la cascade de *Katmandou*, imbibés de l'atmosphère hippie du moment. J'arbore des fleurs dans mes cheveux

---

[72] Il faut battre le fer quand il est encore chaud !

[73] Du mou dans la gâchette : film de 1967 de Louis Grospierre.

[74] Argot.

[75] Joli coin de nature situé à Chuzelles (38), avec une cascade, qui incarne pour nous la liberté. Surnom donné à ce lieu de rêve.

[76] Surnom de la mobylette.

et des robes longues fleuries. Il adore ! Lorsqu'il vient chez moi, je respire à pleins poumons l'odeur qu'il a laissée dans ma chambre, au moment de son départ. Je suis raide dingue de lui. Gérard Lenorman peut bien faire la gueule, tant pis pour lui ! Tanguy m'a écrit un joli poème :

— Tu es un petit ange tombé du ciel, le vent ne soutenant plus tes fragiles petites ailes.

À notre grand regret, Jo ne se mêle pas trop à la bande à cause de sa timidité et de ses complexes. Je crois qu'elle est la moins fofolle des quatre. Néanmoins, elle choisit des garçons hors du groupe et, en ce moment, elle fréquente un garçon, sosie de Patrick Juvet, chanteur actuel à la beauté angélique.

On va aussi rendre visite à nos loubards ou *mendigues*[77] préférés au boulevard Ambroise Croizat. Arrivées là, on les accompagne dans les bars du Centre de Vénissieux, chez Perchet ou chez Nono et, en général, on y passe l'après-midi. Nono, handicapé mental, est le fils de la patronne. Sa façon de s'exprimer nous fait beaucoup rire. Il y a aussi Karaté Mouche, jeune homme dont la démarche saccadée, à grand renfort d'amples gestes des mains, nous fait penser à un chasseur de mouches. Clin d'œil à Bruce Lee, dont les adeptes sont nombreux, dans le groupe.

Une autre bande du quartier, plus âgée, nous fréquente de temps à autre. Ils sont membres d'un groupe de musique exercé à reprendre les standards de l'époque. Leur chanteur, Umberto, un jeune et bel italien habite le Pré Fleuri, juste en face de ma cousine Gelsomina. Il signe quelques opus comme *Petite fille de l'été* ou *Les chevaux de mon cœur,* sans réussir à percer vraiment. Je vais au Concorde[78] à Saint-Priest et j'obtiens une dédicace de sa part. Avec Fiorella, nous avons la consigne de faire du bruit quand le groupe passera à la fête du Parti et, à mon avis, le stade Monery s'en souvient encore tant nous hurlons ! Après quelques années, il retourne vivre en Italie, dans la commune

[77] Argot : voyous.
[78] Dancing des années 70.

de Cervaro, dans la même région que nos parents et reste dans le domaine de la musique.

Ma cousine Irma, dont les parents sont venus rejoindre les miens en France et qui est un peu attardée mentale, est amoureuse du beau chanteur aux cheveux longs et ondulés dont elle est la voisine. Elle passe quelquefois le jeudi avec moi et à chaque fois, elle me clame son admiration :

— Che bello, Umberto !

Avec de la malice plein les yeux ! Au bout de quelques années, la famille retourne à Alatri.

Avec ce groupe, nous nous livrons de temps à autre à des séances de spiritisme, assis autour de la table de la cuisine chez Marina. Qui en a eu l'idée ?

On s'en sort avec une belle frousse lorsque le verre, projeté d'une lettre à l'autre, forme le mot : S A T N ! Cela jette un froid, nous guérissant à jamais de l'envie de recommencer.

Nina

La vie a décidé que Marina n'épouserait pas son beau loubard à la fossette, mais il reste comme un arrière-goût amer de cette histoire inachevée. Pourtant, elle a eu l'occasion de le voir en diverses circonstances, à plusieurs reprises au cours de sa vie et, à chaque fois, il y avait toujours l'ombre de l'éloignement entre eux. Peut-être se rencontreront-ils dans l'autre vie ?

Mariages à l'italienne[79]

Papa a remarqué l'insistance du grand jeune homme blond avec ses visites régulières et m'a demandé quel était son métier, inquiet de l'avenir de sa fille : je l'ai rassuré en lui apprenant qu'il est conducteur d'appareils chimiques. Ce terme un peu pompeux désigne en réalité un ouvrier qui assure la conduite et la surveillance des machines, permettant la fabrication de produits chimiques. J'ai fait mouche !

— Ah mmè ! Ah mmè ! Çà c'est ! s'exclame-t-il en opinant du chef. Instantanément, le grand jeune homme blond conquiert le cœur de mon père !

Juste après nos fiançailles, Tanguy part à l'armée à Varces, dans l'Artillerie alpine, à proximité de Grenoble, après avoir vainement tenté de se faire réformer. Nous échangeons une correspondance soutenue en espérant que le manque s'atténue un peu. Heureusement, Petite Jo et Totol se proposent de m'emmener le voir de temps en temps. Sachant qu'il est en permission ce week-end, je lui prépare un gâteau avec amour, mais, tôt ce matin, le téléphone sonne et il m'annonce avec déception la suppression de sa perm, pour cause de mauvaise conduite.

— Mais… je t'avais fait une tarte aux mûres !

Répliqué-je, en pleurant…

Aujourd'hui, c'est le jour de mon mariage. Il fait beau en ce sept juillet 1979 ; je me réveille heureuse et dans l'attente de cet événement si particulier, dont je chérirai le souvenir toute ma vie durant. La fleuriste livre de bonne heure un joli bouquet de fleurs avec le message suivant :

— À tout à l'heure, à bientôt, à toujours !

---

[79] Inspiré du film Mariage à l'italienne, de Vittorio de Sica en 1964.

Je souris puis, en nouvelle adulte que je suis, je me prépare avec tout le soin nécessaire à ce grand évènement. Avant, je dois maquiller ma sœur, puis arrivent d'autres sollicitations d'autres membres de la famille jusqu'à ce que je râle en leur disant que si cela continue ainsi, je n'aurai plus le temps de m'occuper de moi. Maman me rappelle en souriant le temps où elle me demandait :

— Chi è chisse, que sa mobelleta tutta chcassata[80] ? et que je lui répondais : c'est un copain !

— N'coupà, ouais, renchérissait-elle !!

Je réalisais alors qu'*il ne fallait pas prendre les enfants du bon Dieu pour des canards sauvages.* Me voici en haut des escaliers de la grande maison familiale, mon papa à mon bras, dans ma robe blanche plumetis et mon petit chapeau à voilette. Papa est très beau dans son costume flambant neuf et tenir son bras à cette occasion me paraît étrange, car nous avons peu souvent l'occasion d'avoir un peu de proximité. De plus, il est raide comme un piquet et ma progression s'en trouve un peu entravée. Nous arrivons dans la courette ; je salue les invités et j'aperçois Tanguy, dont le visage exprime une grande émotion. Tous les copains et copines du quartier des ritals me sourient. Les voisins jettent un petit coup d'œil admiratif tandis que le père de Marina essuie quelques larmes.

À l'église Saint-Germain, à Vénissieux Centre, c'est le père André – prêtre ouvrier ayant enseigné le catéchisme à Tanguy – qui officie la cérémonie, avec sa bienveillance habituelle, avec Petite Jo et Totol comme témoins. En effet, c'est à ce couple que nous nous identifions le mieux tant ils sont proches de nous ! Maman, ne pouvant contenir son émotion, éclate en sanglots. Eh oui, je suis la troisième ; après moi, il n'y aura plus d'enfants à la maison.

On fait la fête à Saint-Maurice l'Exil, dans une auberge au-dessus d'un camping. Mon beau-frère me déclare son affection, moment précieux, que je n'oublierai pas de sitôt. Ensuite, on s'éclipse pour dormir dans notre appartement de Vénissieux, où mon mari me fait

---

[80] Dialecte : Qui c'est celui-là, avec sa mobylette toute fracassée ?

franchir le seuil de la chambre dans ses bras. Le pauvre, heureusement que la distance est courte ! Les copains et copines nous rejoignent avec un pot de chambre à l'allure peu ragoûtante vers quatre heures du matin.

Le choix de la destination du voyage de noces est la Savoie parce que nous sommes fauchés comme les blés. Cependant, avec l'argent de la jarretière, nous pouvons encore nous offrir le restaurant avec, à la carte, le nouveau plat savoyard à la mode : la fameuse raclette. Petite Jo et Totol nous rejoignent et nous la partageons avec eux. Ce plat est si délicieux que nous nous en délectons jusqu'à ce que notre ventre menace d'exploser. À notre retour, nous vivons pendant encore une semaine avec le reste de l'argent de la jarretière, tandis que mon père tourne comme un lion en cage, étant persuadé que nous n'avons rien à manger ; maman me rapporte ses paroles :

— Fame i vidé quissi, che se stavo a crepa de fame[81] !

Il ne croit pas si bien dire ! On leur rend visite et on repart avec le marché[82] du jour.

L'année d'avant, en 1978, au moment où les Brigades Rouges[83] font rage en Italie avec l'exécution d'Aldo Moro[84], Marina se marie avec Roland. Quand elle apparaît, on imagine Blanche-Neige, avec ses joues roses et sa chevelure brune, coiffée style Farrah Fawcett, contrastant avec le blanc de sa robe.

Elle a connu son mari alors qu'un garçon du quartier a rencardé Roland sur le fait qu'il y avait des filles dans le coin. Celui-ci s'est pointé, déclenchant chez Marina, l'idée qu'il pourrait toujours attendre pour sortir avec elle… Voilà le résultat !

Le soir, à la fête, Jo s'absente un moment pour aller voir son amoureux, chez des amis pas très loin. Lorsqu'elle revient, elle m'avoue d'un air grave :

— Je crois bien que je l'aime !

---

[81] Dialecte : Fais-moi aller les voir, ceux-là, ils doivent crever de faim !

[82] En visite chez mes parents, on repartait avec des légumes fraîchement cueillis et autres victuailles, ce qui donnait l'impression d'avoir fait son marché.

[83] Organisation terroriste d'extrême gauche italienne.

[84] Homme politique italien, du Parti Démocrate Chrétien.

Le quatrième mariage est donc en vue… Elle l'a connu par l'intermédiaire d'un copain de lycée et elle a flashé sur sa bonne humeur communicative et son déhanchement façon John Travolta. D'ailleurs, pour ses vingt ans, elle a organisé une soirée costumée. Petite Jo porte une robe de princesse tellement imposante qu'il faut la mettre de travers pour passer les portes, comme celle d'Alice Sapritch dans *La folie des grandeurs.* Totol est déguisé en moine avec un gros chapelet de bois autour du cou, Tanguy en toréador et moi en page. Ce soir-là, on fait une chouette surprise à Jo. Après avoir dévalisé la pharmacie de rouleaux de bandelettes, on entoure le corps de son fiancé pour simuler une momie. Puis, on l'enferme dans un carton, en prenant bien soin de faire des trous pour le laisser respirer. Le paquet ouvert, Jo regarde le contenu en disant :

— Ils m'ont offert une statue !

Puis, elle recule d'effroi lorsque la momie se met en mouvement d'une démarche mécanique, en provoquant la stupeur générale.

Le mois suivant, c'est au tour de Petite Jo et Totol de convoler en justes noces. Petite Jo a voulu apparaître sans une once de maquillage, avec sa beauté naturelle pour seul atout. Elle a une très grande traîne et donne l'image d'une madone. À la cérémonie, il y a une messe en italien – pour la famille venue d'Italie – et en français ; les mariés sont à genoux par terre et Petite Jo n'est pas loin du malaise, à cause de la forte chaleur. Tous les jeunes vont s'ébrouer dans la rivière à proximité du restaurant.

Voici le mariage de Jo, à l'été 1983. Elle a de jolies fleurs roses et vertes en cascade sur ses longs cheveux.

Pour la cérémonie à l'église, je prépare un joli texte sur notre amitié, dont le contenu fait pleurer d'émotion quelques membres de sa famille. Au cours de la soirée, la chanson l'*Italiano* de Toto Cutugno fait fureur et nous, tous les Italiens du quartier, on danse comme des fous sur cet air que le DJ passe en boucle sans discontinuer.

Working girls[85]

Je travaille quelques années en intérim, tout comme Tanguy, avant que Marina ne me fasse rentrer dans l'entreprise de transport où elle est employée. Nous retrouvons notre complicité un peu oubliée ces dernières années. Elle est déjà maman d'une petite fille et vit toujours au Chemin du Laquay en dessous de chez ses parents. Moi, j'ai quitté le quartier et nous habitons au Charréard, dans un appartement dont mes parents sont propriétaires, rue du Montelier.

Au service affrètement, travaille un homme très gentil, auteur-compositeur. Devant notre intérêt pour la musique, il nous invite quelquefois chez lui, dans une vieille grange retapée, dans le département de la Loire. Avec Marina, nous montons sur scène pour chanter le duo *When the rain begins to fall* de Jermaine Jackson et Pia Zadora ou bien *J'ai encore rêvé d'elle* du groupe Il était une fois. On pousse souvent la chansonnette ensemble et on adore cela. Puis, au fil du temps, je fais la connaissance d'autres membres du personnel, comme une dame d'origine russe, sorte de Marguerite Duras, très érudite, au langage choisi, et de sa nièce avec laquelle je travaille au service Groupage. J'invite tout ce petit monde au Chemin du Laquay, pour de grandes fêtes, dans la salle « frisette ». Mes parents, encore jeunes et vaillants, participent avec plaisir. Ainsi, tout le monde est là pour mes vingt et un ans. Mon beau-frère chéri fête ses trente et un ans en même temps, comme nous avons juste dix ans d'écart. Maman est déguisée en soubrette – comme elle est jolie ! – et papa en César, avec

[85] Inspiré du film Working girl, de Mike Nichols en 1988.

une couronne de lauriers fabriquée maison. Le mari de Marina, quant à lui, a choisi une tenue inspirée de *la Salsa du Démon* du Grand Orchestre du Splendid. Torse nu, une grappe de raisins pendant à son slip de bain et armé d'une fourche, il danse des heures avec maman sur *Born to be alive* de Patrick Hernandez, à coup de gros éclats de rire. Papa, gros dormeur devant l'éternel, s'allonge sur la réserve de maïs dans un coin de la pièce et s'endort sans sourciller. Personne ne sait comment il fait pour sombrer dans les bras de Morphée si facilement, n'importe où et surtout dans un vacarme assourdissant !

Mais voici que Totol tombe malade ! Il doit quitter sa famille pour se faire soigner au sanatorium d'Hauteville. Son petit *zizon*[86] et son épouse lui manquent et nous faisons notre possible pour que la séparation soit moindre. Aussi, nous échangeons une correspondance avec lui et nous emmenons Petite Jo lui rendre visite. C'est lors de cette correspondance que nous lui annonçons ma grossesse. Avec humour, il répond que l'Italie à un but d'avance contre la France.

Justement, l'Italie sort vainqueur à la coupe du monde de football, contre l'Allemagne.

Français pour la plupart, mais tifosi de cœur, les copains s'affairent pour fêter dignement cette victoire. L'effervescence du quartier est palpable. R 12, fiat 500, tous ces véhicules en cortège, sont remplis de jeunes gens en liesse, cheveux au vent et arborant le drapeau italien, accompagnés des klaxons jouant la « cucaracha » ! Forza Italia !

[86] Mot affectueux pour bébé.

Nina

Cette musique, elle tient ton cœur depuis toujours ! Pourtant, ces dernières années, tu y es moins sensible. L'épisode coronavirus a malheureusement mis un terme à beaucoup de choses : un groupe de musique pour toi.

Retrouveras-tu cet engouement avant qu'il ne soit trop tard ?

Bien sûr, quand, branchée sur RTL2, dans ta voiture, tu entends tes morceaux préférés, tu retrouves un peu les sensations d'autrefois, particulièrement quand tu suis la parfaite ligne de basse sur Un autre monde du groupe Téléphone par exemple ou sur Clara Luciani plus récemment. Tu mets le volume à fond en chantant à tue-tête. Tu te demandes toujours ce que doivent penser les gens qui voient une vieille secouer la tête en tous sens, mais tu ne peux pas t'en empêcher.

Flic toujours[87]

Grâce au mari de Gelsomina, Tanguy rentre dans la Police, où le statut de fonctionnaire assure un bon salaire, pour notre jeune couple aux fins de mois difficiles. Au même moment, les émeutes à Vénissieux commencent avec, en toile de fond, la protestation contre le « harcèlement policier » dont la jeunesse estime être victime. Portée par Toumi Djaïdja, jeune beur des Minguettes, une marche surnommée, *marche des Beurs* par les médias, est organisée et va de Marseille à Paris ; elle appelle à l'égalité et contre le racisme. Les temps sont durs pour les flics entre lynchages, incendies de véhicules et rodéos.

À l'arrière du commissariat se trouve un petit local pour la prise de repas des flics. Ce soir, il y a un pot pour le départ de l'un d'entre eux. Tous ces jeunes hommes en uniforme sont ravissants, même celui qui, bourré comme un coin, ne sait plus s'il doit tremper sa cigarette ou son boudoir dans son champagne ! Il réfléchit longuement, fixant son verre de son œil de merlan frit, avant de se décider.

Dans quelques mois, Tanguy sera papa et nous sommes contents de déménager bientôt à Saint-Quentin Fallavier, petite commune du Nord-Dauphiné, réputée pour son château et ses sites de fossiles. Quand je regarde le village depuis mon jardin, avec le clocher de l'église qui surplombe les petites habitations, j'ai toujours l'impression de voir une image de la libération. Notre petit garçon, Yannick, vivra dans un bel environnement ! Pourtant, ce n'est pas simple, j'ai toujours des voitures usagées pour me rendre à mon travail et je tremble toujours à l'idée d'avoir une panne sur la route, à cause

[87] Inspiré de la série Flics toujours, de Nigel McCrery et Roy Mitchell en 2003.

du Chef vraiment pas commode. Je déjeune fréquemment chez Marina ou chez mes parents pendant la pause de midi. Tanguy, en plus de son travail, effectue quelques déménagements pour mettre du *beurre dans les épinards*. Heureusement, mes parents nous aident.

Notre petit Yannick pointe son petit nez dans notre monde. Il rit tout le temps. C'est un enfant facile et très intelligent. À quatre ans, il parle de génétique lors d'une conférence sur les chiens de traîneau pendant un séjour à la montagne, au grand étonnement de l'assemblée.

Bébé Mylène arrive fin 1986. C'est une très belle enfant et je l'appelle souvent « Mylène à la belle bouche » tant sa petite bouche est bien dessinée, avec ses traits délicats et son teint de pêche.

Vient le temps des fêtes de Noël, les sourires de papa pendant le ramassage des œufs aux fêtes de Pâques, ses siestes dans le hamac, durant lesquelles même un tremblement de terre ne peut contrarier la quiétude de son sommeil, la bonne humeur et les conseils judicieux de maman, sans compter les fêtes dans le Château.

Durant les patrouilles de police, Tanguy passe fréquemment au Chemin du Laquay et maman lui propose toujours de déguster les spaghettis avec eux. Au fil des années, papa est devenu gourmet, comme en atteste son petit ventre. Lui qui se contentait naguère d'un frugal repas, apprécie maintenant les biscuits, la confiture. Il réclame toujours les *biscotti*[88] après sa sieste de l'après-midi pour accompagner son café.

Ce sont aussi des parties de boules de pétanque avec le père de Marina entre autres. Papa ne le dit pas, mais il a du mal à cacher toute la fierté qu'il ressent d'avoir un gendre dans la Police. Quand je suis présente, nous passons de bons moments avec Maman, tout en tendresse et en rigolades. Je m'évertue à lui faire prononcer le U qui se prononce OU en italien ; c'est peine perdue et nous en rions ! Des rires aussi, au moment où maman et moi, récoltons les haricots à rames, de part et d'autre du rang, et qu'elle me fait des confidences, au sujet du *sciuffalito*[89] de papa...

---

[88] Biscuits.
[89] Petit sifflet.

La vie pour de vrai[90]

Pendant les vacances de février, on emmène les enfants faire du ski à La Giettaz ou Autrans, au cours desquelles ils prennent des cours. Je suis contente, cette année, mon beau-frère Jean-Paul et Vanda nous accompagnent à la Giettaz avec Maman. Malheureusement, Jean-Paul heurte une remontée mécanique et sa mâchoire est fracturée. Il finit son séjour à l'hôpital et, durant la nuit, les pleurs de Vanda m'emplissent le cœur de compassion.

Les vacances d'été se passent en Bretagne, en Sologne, à Toulon ou Antibes et même à Alatri une fois, mais le séjour se passe mal : je dois composer avec la femme de mon oncle qui mène tout le monde à la baguette. De plus, Yannick ingurgite un peu de javel, provoquant la panique générale. À l'hôpital d'Alatri, ils veulent le garder pour la nuit, mais j'ai la possibilité de récupérer mon fils en signant une décharge.

Le quatuor que nous formons avec Petite Jo et Totol est inséparable. On se voit souvent, tantôt chez eux, tantôt chez nous. Envie d'un petit week-end sympa ! oui, mais où ? Je propose de procéder comme *Rahan, fils des âges farouches*[91] avec son célèbre couteau. En le faisant tourner sur la carte de France, le voilà qui pointe sur la ville d'Avignon. C'est ainsi que nous organisons notre séjour dans ce lieu charmant.

Nous voici maintenant en Saône-et-Loire, dans un camping à Azé, sur un site préhistorique. À l'entrée des grottes se trouve une pancarte

---

[90] Inspiré du film de Dany Boon en 2023.
[91] Célèbre bande dessinée de 1969.

explicative où l'on peut lire : « À cette époque, les mammouths gambadaient sur ce site… » Comment imaginer des mammouths légers et aériens ? Cette image provoque un fou rire mémorable. Au moment de monter la tente de camping, nous nous apercevons de l'oubli des piquets. Qu'à cela ne tienne, Tanguy, surnommé Mac Gyver, pour son ingéniosité à résoudre tous les problèmes, les remplace par de vieux cintres découpés pour l'occasion. Le soir, Petite Jo, supportant mal l'alcool, se balade sous la pluie battante, en chemise de nuit et bourrée comme un coing. Au moment où nous la récupérons, une femme à proximité, éprouve un orgasme retentissant. Encore des rires !

Nous découvrons le plaisir de manger au restaurant. Nos petits salaires ne nous permettent pas de nous y rendre très souvent, mais de temps en temps, nous nous délectons de rougets et autres gourmandises, même après avoir déjà dîné !

Notre situation professionnelle est précaire, nous travaillons en intérim, mais l'élection de François Mitterrand en 1981 marque pour nous une nouvelle espérance, à laquelle nous avons envie de croire.

Maintenant, nous avons deux enfants et nous nous octroyons quelques jours de vacances au Collet d'Allevard dans un gîte rural. L'appellation rurale n'est pas de trop : les lits sont entièrement défoncés, mais cela nous permet de prendre un bon bol d'air avec les petits, tandis que les hommes jouent à la belote avec Léon, notre hôte, accompagné de son *cousin d'en haut.*

À notre retour, Petite Jo est hospitalisée pour une chirurgie réparatrice du ventre. Comme tous les jours, l'infirmière fait sa ronde et lui demande comment elle se porte.

Je ne me suis jamais sentie aussi bien. Enfin, je me la vois !

répond-elle. L'infirmière éclate de rire en disant :

— Celle-ci, on ne me l'avait encore jamais faite !

Le temps passe. Nos amis sont partis vivre en Saône-et-Loire, dans la maison familiale de Totol à Lugny, suite à quelques déboires et nos relations diminuent de fait. Leurs deux garçons grandissent comme nos enfants. Nous allons passer le week-end chez eux pour le 1er mai et les petits ramassent du muguet pour gagner un peu d'argent de poche ; cela nous rappelle, à Tanguy et moi, le temps où nous-mêmes nous adonnions à cet agréable passe-temps. Les enfants sont heureux, ils sont récompensés par une jolie somme d'argent.

Sachant que Petite Jo et Totol traversent une mauvaise passe, je laisse sur la table, au moment du départ, un panier rempli de victuailles pour la famille. Petite Jo fond en larmes, au souvenir de la similitude avec l'attitude de sa maman, décédée voici quelques années.

Elle souhaite faire une surprise à Totol et choisit un voyage à Rome, avec ma complicité. L'exposition du nouvel Airbus A380, à l'aéroport de Saint-Étienne-de-Saint-Geoirs est un bon prétexte pour l'attirer. Sur place, on l'informe de notre départ imminent pour la capitale italienne.

Si cette ville est magnifique, elle est aussi très sale et, de plus, nous avons du fil à retordre avec le comportement des Romains, plutôt dédaigneux. Ainsi, ceux-ci n'hésitent pas à nous envoyer du côté opposé à notre destination ou bien nous facturer un plat quatre fois plus cher que le prix initial. Mon Totol, dans les rues de Rome s'écriant : « Putain de Romains » est une image qui restera à jamais gravée dans ma mémoire !

Il y a aussi les visites de temps à autre chez Jo, devenue la marraine de mon fils, toujours pleine de sollicitude. Elle finit par divorcer, John Travolta ayant perdu son charme d'antan.

Quant à Marina, elle est partie vivre près de Toulon avec Roland et on ne la voit qu'occasionnellement, lorsqu'elle vient voir ses parents, restés au Chemin du Laquay. De temps en temps, quand je suis en visite chez les miens, nous nous retrouvons avec bonheur et toute notre jeunesse reprend vie à l'évocation de nos souvenirs.

Mes parents viennent de temps à autre nous voir à Saint-Quentin. Ce jour-là, tablier autour de la taille, je m'affaire à la cuisine tandis qu'ils pénètrent à l'intérieur de la maison. Papa, me voyant en plein travail, dit fièrement en italien :

— Coletta aussi sait tenir une maison ! Avec un grand sourire.

Papa communique son amour de cette façon, étant donné que sa pudeur l'empêche de le manifester autrement. J'en suis toute retournée !

Mylène a fait un petit cadeau à son pépé qui l'adore : c'est une brosse pour se laver le dos, comme il a maintenant du mal à le faire tout seul. Pépé sourit et son sourire entraîne le rire de tous. J'aime ces moments pleins de tendresse contenue.

Nous partons quelquefois avec eux pour quelques jours de vacances, comme le voyage au Tyrol avec Maman seulement, puisque papa n'a pu venir, à cause d'un arrêt maladie. Pendant une excursion en bus, nous attendons des personnes en retard. Maman, les apercevant, s'écrit avec son accent italien et en un langage pas vraiment châtié :

— Chauffeur, atta n'dez ! Les vieilles peaux là ! Elles arrivent !

Les réactions sont diverses : regards mi-figue, mi-raisin, étonnés, dubitatifs… Et nous, avec Tanguy, on cherche un trou de souris pour se planquer dedans. Cette semaine est riche en rigolades, entre le patron de l'hôtel qui nous paye le schnaps et une tête de tyrolien en carton-pâte, d'où émane un rire ressemblant au bêlement d'une chèvre, vraiment communicatif. Maman dit que ce sont les meilleures vacances de sa vie.

L'autre jour, j'ai prié tous les saints du paradis ; en effet, papa et maman nous suivaient en voiture et Tanguy s'est engagé pour doubler. Papa a suivi… Le véhicule en face a failli tomber dans le fossé pour l'éviter, cependant, papa n'a même pas remarqué sa faute de conduite et n'a pas considéré notre grande inquiétude.

Ils ont gagné en autonomie et comptent désormais moins sur nous pour les sortir, en s'offrant de petites excursions en bus. Papa change petit à petit. Lui qui n'appréciait que sa maison et son jardin, commence à ouvrir son esprit sur d'autres horizons comme l'Alsace ou Venise et goûte à une cuisine différente, mais tout aussi savoureuse que celle de Marisa.

De temps en temps, nous sortons aussi avec Vanda et Jean-Paul. Nous voici au Camping de la Carabasse à Vias. Ce soir-là, au spectacle, nous assistons à une parodie de la chanson *Parole, Parole* de Dalida et Alain Delon. Sur scène, le couple est représenté par un jeune homme dans le rôle d'Alain Delon et d'une matrone faisant la lessive, figurant Dalida. Au refrain, la grosse femme saisit le gringalet par le pantalon et lui plonge la tête dans la cuvette. Celui-ci relève la tête avec sa mèche de cheveux virevoltante… et replonge de plus belle. Rires !

La vie suit son cours. Nous sympathisons avec une pharmacienne, Gaëlle, dans notre quartier, suite à des problèmes de santé et nous sortons de temps en temps avec le couple et leurs enfants. Pour les vacances, nous réunissons nos trois familles avec Petite Jo et Totol et mettons le cap sur l'Auvergne. Les enfants sont heureux, du fait de leur petite maison individuelle où ils peuvent rester entre eux, tandis que les adultes dorment dans un dortoir dans le bâtiment principal.

Totol, le farceur, met au point un système de clochette sous le lit de Gaëlle ; quand elle se couche, il tire sur la ficelle et le grelot sonne, faisant redresser Gaëlle en sursaut… jusqu'à ce qu'elle réalise le stratagème ! La nuit d'après, elle n'arrive pas à rentrer dans son lit, on l'a installé en portefeuille… !

Moins accaparée par les enfants qui grandissent, je m'inscris à l'École de musique de Saint-Quentin au cours de chant et guitare. Lors des concerts de fin d'année, mes sœurs de cœur viennent me voir quelquefois ainsi que mes parents. Même Vanda vient m'applaudir une fois avec Jean-Paul, malgré des rapports déjà faussés.

Du rififi chez les hommes[92]

Si nous avons connu des périodes sympathiques avec ma sœur, les relations se dégradent au fil des ans à cause de son agressivité récurrente. Son mari essaie de tempérer, malgré l'aggravation des rapports. Les critiques incessantes de Vanda modifient l'attitude de maman à mon égard, induisant une grande souffrance et une dévalorisation certaine. Ceci m'amène à me renfermer de plus en plus, mais, heureusement, j'ai mes petits neveux adorés, qui me rendent bien l'affection témoignée. Ils viennent dormir de temps à autre chez nous, où de jolis moments de complicité ont cours.

Suite au divorce de ma sœur aînée, je n'entrevois presque plus mon beau-frère, tandis que les années suivantes sont gâtées par le fossé de plus en plus profond entre Vanda et moi. La communication devient impossible. Maman en souffre, elle voudrait que j'accepte tout pour préserver l'intégrité de la famille, tandis que j'ai pris du caractère moi aussi. La petite fille émotive que j'étais a bien changé et n'est plus prête à endosser toutes les critiques. *Portera le fardeau qui portera le chapeau !*

Petit à petit, les visites en commun chez mes parents deviennent monotones. J'appréhende l'ambiance tendue, se traduisant chez moi par une boule dans le ventre, jusqu'à ce que Vanda finisse par me dire qu'au décès de maman, tout sera fini entre nous. De plus, comment faire pour rejoindre ma sœur aînée derrière le rempart infranchissable

---

[92] Inspiré du film de Jules Dassin en 1955.

érigé autour d'elle ? Le plaisir de se retrouver s'amenuise au fil du temps.

Nos enfants sont grands désormais. À Saint-Quentin, nous avons la chance de vivre dans un environnement magnifique entre parcours de santé aménagé et étang, sous le château de Fallavier. Celui-ci date du Moyen Âge et a été remanié à plusieurs reprises jusqu'à ce que, sous l'égide d'un habitant du village, il soit restauré par des bénévoles, à partir des années 70. Depuis 1992, c'est la commune qui en est propriétaire.

Depuis de longues années, avec Tanguy, nous marchons dans la nature autour de notre village en observant la faune et la flore. Chaque année, dès la fin avril, nous nous réjouissons du joyeux capharnaüm des grenouilles en nidification à proximité. Il y a même une fermette, gage de distraction pour les enfants, où l'on peut approcher des chèvres, des cochons et des poules.

Un petit ragondin nous a tenu compagnie tout au long de notre parcours, a mangé dans ma main en poussant des petits cris de joie et nous avons partagé cet instant en communion totale avec lui. Ces grands moments dans la nature nous charment et nous ressourcent.

Nina

Comment retrouver le parfum des choses d'antan ? Même si vous décidiez, ta sœur et toi, d'effacer tous vos différends, pourriez-vous redevenir comme avant ? Comment effacer cette sensation d'inutilité quand tu penses à un éventuel retour en arrière ?

Et puis, la fierté aussi est destructrice. Elle ne voudra jamais l'admettre. Et toi, le pourrais-tu ? Ses propos ont été si immondes !!

Réfléchis avant qu'il ne soit trop tard !

Les belles années[93]

Cette année 2010 est celle de mes cinquante ans. Un Italien du quartier, aidé par Jo, organise de grandes retrouvailles d'enfants d'immigrés à l'étang de Cornas en Isère. J'y retrouve des personnes que je n'ai pas revues depuis très longtemps, comme le beau mimi-raton, Gabriele, son cousin, Alessandro, Pietro, un ex-petit copain et plein d'autres. Alessandro revoit Marina au bout de tant d'années et l'émotion est au rendez-vous. Quant à moi, j'ai l'impression de retrouver ma famille.

En conséquence, pour mon anniversaire, quelques mois plus tard, j'invite quelques-uns d'entre eux. La dernière grande fête dans la salle « frisette » est très réussie. Je profite de la présence de mes neveux et nièces sans me douter que je partage avec eux les derniers moments sereins en famille malgré les signes avant-coureurs. Papa – quatre ans avant son décès – maman et mes sœurs chantent *Reginella Campagnola* et mes sœurs de cœur me réservent de belles surprises, dont un french cancan mémorable.

Avec elles, semblables à des branches de lierre enchevêtrées, nous nous octroyons une semaine par an au soleil, pour nous retrouver et profiter de la vie. La première année en Tunisie, de jeunes animateurs sont chargés de faire danser le public, aux soirées dansantes. Pour la première fois de ma vie, je prends en pleine poire le poids des années. Des jouvenceaux payés pour faire danser des dames sur le retour… !

---

[93] Inspiré du film de Luigi Comencini en 1985.

Pourtant, aux alentours de la cinquantaine, nous sommes encore très jolies malgré le fait que Jo se soit fait traiter de vieille par un automobiliste en colère, parce qu'elle ne démarrait pas assez vite. Pendant ce séjour entre filles, ce sont de grands moments de rigolade, de complicité, mais le temps, aussi, de laisser ressortir d'anciennes rivalités de l'enfance. Petite Jo bénéficie d'une épilation en règle avec le fameux ticket de métro ; je demande :

— C'est quoi ça, le ticket de métro ?

Les rires fusent. Marina passe derrière moi alors que je suis sur un transat et juste au moment où elle déclenche son appareil photo, je soulève mon slip de bain… Nous aurons toutes un beau souvenir de vacances ! Nous savourons ce qu'il reste de notre jeunesse en réalisant que nous sommes déjà sur la pente descendante et que le seul moyen de rester ensemble le plus longtemps possible est de nous retrouver dans le même Ehpad, le moment venu. Combien de temps encore avant que les regards ne s'arrêtent plus sur nous ? Avant que les rides ne se remarquent en premier sur notre visage ? Avant que les courbatures ne nous rappellent à l'ordre ? Profitons, les filles… !

Petit à petit, les caractères s'affirment, les désirs changent, les priorités aussi… Nos semaines annuelles au soleil s'espacent, bien que nous restions en contact téléphonique, ponctué de retrouvailles occasionnelles.

Voici se profiler le premier départ à la retraite en 2017. C'est cette année aussi que Johnny Hallyday quitte ce monde et pour la première fois, avec Tanguy, nous nous rendons à l'American Tours Festival. Il y a là des bikers, s'époumonant sur les chansons de Johnny dans les karaokés, à grand renfort de bière, tout un monde aux looks divers, rappel de la période hippie de notre jeunesse. Au rendez-vous, des punks, gothiques, cow-boys, rockers aux bananes apprêtées, en blousons et santiags, des femmes en robes des années soixante et lunettes papillon, forment une palette colorée. Les stands variés nous invitent à chiner des vêtements vintage, des boucles de ceinturons, des gravures anciennes, etc. Il y a aussi des expositions de motos et voitures customs. On danse le rock sauté, la country, on assiste à des spectacles de rodéo, des concerts de groupes tous plus brillants les uns que les autres et, le soir, au son du concert des Deep Purple, un feu d'artifice retentit. À la cinquantaine passée, c'est bon de retrouver son âme d'enfant, en s'apercevant qu'on ne l'a jamais vraiment perdue.

Comme tout le monde, nous vivons les « années coronavirus » dans la crainte et dans l'impossibilité de se projeter vers l'avenir. Pendant ces années noires, les hommes retournent aux vraies valeurs. C'est ainsi que je reprends contact avec le grand amour de Marina sur Facebook, à la suite de quoi, il se présente chez l'oncle de Petite Jo, au quartier, la maison de Marina ayant été vendue depuis déjà quelques années. Il demande de nos nouvelles et se remémore avec nostalgie sa jeunesse avec nous. De quoi provoquer l'émoi de Marina !

Nina

« Marina, Marina, Marina, ti voglio al piu' presto sposar[94] *»*

En voilà un qui ne s'est pas réveillé quand c'était le moment et il en a épousé une autre. Il est comme toi, Marina, nostalgique de votre jeunesse, mais il n'est pas maître de sa vie.

Vous auriez pu vous retrouver tous ensemble au cani[95]*, chez Perchet, à Vénissieux, pour vous remémorer le bon vieux temps. Dommage !*

---

[94] Chanson de Rocco Granata – 1959.

[95] Mot d'argot désignant le bar.

Ma jeunesse fout l'camp[96]

Le mariage de Mylène est prévu en ce mois de juin 2014, mais la santé de papa se dégrade en quelques jours. Son cœur étant déjà très faible, il passe son temps sur un fauteuil. Entre sa surdité et la sénilité qui avance, il est coupé du monde. Néanmoins, un petit sourire pointe de temps à autre sur son visage, à la vue de ses petits-enfants. Maintenant, un cancer s'est déclaré, il part petit à petit… La dernière fois que je l'ai vu, je savais que c'était la dernière. Il est décédé dans son sommeil. Papite[97] !

Vanda vient quand même au mariage avec sa famille, malgré des rapports quasiment réduits à néant.

Nous tenons à ce que ce mariage se déroule le mieux possible malgré notre deuil tout récent et le résultat est à la hauteur, dans le cadre romantique du château de Pramenoux à lamure-sur-Azergues.

Maintenant, c'est le départ de Maman pour l'Ehpad. Elle souhaitait vivre chez l'une d'entre nous et, ayant réalisé l'impossibilité de son projet, elle a opté pour l'Ehpad comme on irait au sacerdoce ; du moins, c'est ce que j'ai ressenti. Pourtant, je lui avais proposé d'autres possibilités, mais elle n'a pas semblé réaliser les conséquences de son choix.

Je suis à présent grand-mère. Ma petite fille m'appelle *Nonna*. Mon cœur est pétri d'amour pour ce petit ange tombé du ciel, tout comme celui de Tanguy que je ne reconnais plus. Si je commençais à me demander à quoi servait ma vie à l'aube de la soixantaine, ce petit être

---

[96] Inspiré de la chanson de Guy Bontempelli en 1962.
[97] Petit papa.

de lumière me donne une nouvelle raison de poursuivre l'aventure. J'écris des poèmes pour elle. Voici l'un d'entre eux, écrit au début du confinement :

Le coro n'est rien

En cette nuit d'insomnie, abasourdie
Son front collé contre mon dos, dodo
Elle n'a cure de ce monde, immonde
Qui part à vau-l'eau, véloce

Car une chose est sortie de terre, délétère
Une planète avec des gouttes de sang, usant
Qui s'enfile dans nos gorges, engorge
Pour nous empoisonner, poinçonnés !

Pourtant, le printemps voudrait renaître, de la terre,
Les lézards courent sur les murs, je te jure
le jaune de fleurs appelle à la joie, pantois,
mais les sirènes ne sont pas en mer, amère

Moi, j'attraperai un soleil, arc-en-ciel
Je le planterai au jardin, avec des nains
Toutes deux, nous le regarderons, petit patapon
Briller doucement et de plus en plus fort, conquistador !

Nous la regardons grandir. Un soir d'été, assis sur des transats, on simule notre départ en fusée, en direction de l'astéroïde du *Petit Prince*. Un vrai voyage interplanétaire ! Puis, quand elle en a marre de marcher dans les bois d'Eyzin-Pinet, nous faisons appel au cheval Pégase afin qu'il la porte sur son dos. Elle est amoureuse du petit-fils de Jo, dans la même classe qu'elle, et projette déjà d'avoir trois enfants avec lui. L'autre jour, elle a dormi à la maison. À son réveil, en voyant l'ensemble à petits motifs qu'elle portait, je lui ai demandé :

— Mais pourquoi es-tu restée en pyjama ? Il fallait t'habiller !

Elle a répondu :

— Mais Nonna, je ne suis pas en pyjama !

Un ange passe !

En voyant Keith Richards[98], dont le turban agrémente joliment sa chevelure sur YouTube, elle m'a dit que je lui ressemblais quand je jouais de la guitare. Quel beau compliment !

Mes amies d'enfance sont aussi mamies. Marina et Jo sont des grands-mères dévouées qui gardent régulièrement leurs petits-enfants, Petite Jo et moi, c'est plutôt à la demande.

Les visites hebdomadaires à l'Ehpad sont empreintes d'amour et de sourires, surtout les dernières années. Maman me dit toujours : tesoro mio ! moi, c'est mio amore ! Lorsqu'elle m'aperçoit à l'entrée de sa chambre, je vois dans ses yeux l'étincelle particulière, reconnaissable entre tout, qui porte le nom : amour. Et, pour lui faire plaisir, on partage souvent un bon mousseux qu'elle affectionne particulièrement. Pour susciter un peu de joie, je lui dis :

— Allez, hop, dans l'corgnolon[99] !

Et elle éclate de rire. Tanguy lui raconte l'histoire de Pépé. Pépé, c'est un ancien collègue de la Police qui s'exprimait toujours en ces termes, en évoquant son statut de fonctionnaire au ministère de l'Intérieur :

— Tu t'en fous, t'es bien payé, t'as rien à branler… !

Repris par Tanguy pour mammina :

---

[98] Membre des Rolling Stones.

[99] Mot désignant la gorge, le gosier en patois du nord-Dauphiné.

— Tu t'en fous, t'es nourrie, logée, blanchie !

Puis c'est Mammina qui se moque d'elle-même, avec son accent italien à couper au couteau :

— Ma quech'que ji ma fous moi ! je soui nourrie, logée, blan'gie !

Et tout l'Ehpad s'illumine de nos rires. Elle se déplace difficilement à l'aide de sa canne qu'elle nomme la *cane de Jeanne*, sans faire l'association avec la chanson de l'ami Georges.

Arrive pour moi l'heure de me retirer du monde du travail ; je peux partir en retraite anticipée à soixante et un ans et je compte bien en profiter. Bien que j'aime mon travail d'agent d'accueil à l'Espace Culturel, la fatigue se fait sentir et ainsi, je pourrai aller voir Mammina un peu plus souvent. Mammina qui perd un peu la tête, qui voit papa partout, là dans les escaliers ! Elle se demande pourquoi il disparaît tous les soirs ; peut-être est-il allé voir sa bonne amie ? Certaines fois, il lui parle, il court après un assassin… Moi, je lui passe des airs de chez elle, des morceaux d'accordéon, son instrument de musique préféré ; elle trouve encore la force de battre le rythme de la tête.

Sa santé se détériore, elle devient de plus en plus confuse. Elle va bientôt nous quitter et dit qu'elle va rejoindre son amour au cimetière. Je regarde son torse se lever et se baisser en sachant que bientôt, il sera immobile… Pourquoi Mammina ?

Ce 5 juin 2022, Tanguy m'annonce la nouvelle alors que je suis encore couchée. Le téléphone vient de sonner, Vanda, mais je ne l'ai pas entendu.

— C'est ta mère, me dit-il !

Pas un mot ne sort de ma bouche. Très ému, il me serre fort contre lui et nous restons quelques minutes ainsi, sans bouger.

Je voudrais tellement revenir à avant !

Avant, c'était à peine voici quelques heures !

Quelques mois plus tard, c'est au bord de la mer, près de la petite église San-Ampelio à Bordighera que je sens ma jeunesse m'abandonner. Elle est partie soudainement, sans que je puisse faire quelque chose pour la rattraper, comme toi Mammina.

Je suis désormais orpheline de toi, de lui. Avant, quand je vous quittais le dimanche, je n'avais pas de peine ; aujourd'hui, lorsque je vais sur votre tombe et que je vous regarde, j'ai du mal à vous laisser. Puissiez-vous être réunis à jamais !

Mes sœurs, restez près de moi !

Heureusement, mes chers parents, vous êtes souvent près de nous, particulièrement quand Tanguy vous imite, en reprenant vos paroles à son compte, comme :

— so fat' una bona maniata, hè[100] !

— Colé, me faï le caffètin'[101] !

— Ma quech'que ji ma fous moi ! Je soui nourrie, logée, blan'gie !

— Paye le téléphone, counard và !

Le counard, en fait, c'était moi ! À l'occasion d'une blague que j'avais voulu faire à maman pour un 1er avril, je lui avais téléphoné en me faisant passer pour un beur des Minguettes ; énervée, elle avait raccroché avec cette phrase, maintenant à jamais dans les annales.

Petite Jo dit toujours qu'elle partira en premier, puisqu'elle s'est marié la première puis a eu un enfant la première.

Dans nos discussions entre filles, on a souvent évoqué le désir de finir nos jours ensemble dans le même Ehpad, mais malgré tout, nous avons encore quelques belles années devant nous, si la camarde ne vient pas nous chercher prématurément. Pour l'instant, nous profitons du sursis accordé et c'est ainsi que nous mettons en place ce voyage sur la terre de nos aïeuls, en ce début de printemps 2023. Nous logeons dans un joli hôtel de Veroli, au milieu des oliviers et des collines verdoyantes. C'est toutes ensemble que nous vivons ce pèlerinage, chacune approchant, de près ou de loin, ce qu'elle vient chercher.

Eh, les filles, le temps passe, on va en profiter hein ?

Papa, à l'hôpital des Portes du Sud, j'ai eu l'occasion de discuter avec un des médecins qui te suivait régulièrement. Un vrai médecin plein d'humanité, qui aime son travail et les gens. Il t'appelait par ton prénom – si beau — m'a parlé de la bonne personne que tu étais et de

---

100 Dialecte italien : j'ai fait un bon repas.

101 Dialecte italien : Colette, tu me fais un café ?

la belle image qu'il gardait de toi. J'ai dit que tu étais un phénomène, nous avons ri…

Nous restons en connexion : comment ne pas avoir cette sensation quand, à l'occasion d'une partie de scrabble, je forme le mot fusil, qui me renvoie instantanément à l'histoire de ton *schioppo*, papa ! Et, le même jour, celui de ton anniversaire, maman, où je pose le mot maman quelques minutes plus tard… !

D'ailleurs, mammina, je voulais te dire que, ce matin, j'ai cuisiné les *cicerchie* ramenées de ton village. C'était réussi, certes, mais quand j'ai levé les yeux en direction du plafond, j'ai vu ton visage qui me souriait !

J'adresse tous mes remerciements à :

Sylvie F. pour ses conseils avisés à l'élaboration de cet ouvrage,

Gelsomina, ma chère cousine, Pierra et Alessandro, pour leurs croustillantes anecdotes,

Mes ami(e)s *per sempre* : Marina, Jo, Petite Jo et Totol pour avoir mené l'enquête auprès de leurs parents et pour leur chaleureuse présence,

Aux Éditions du Lys Bleu pour m'avoir donné cette chance inouïe d'être publiée.

Imprimé en Allemagne
Achevé d'imprimer en octobre 2023
Dépôt légal : octobre 2023

Pour

Le Lys Bleu Éditions
40, rue du Louvre
75001 Paris

www.ingramcontent.com/pod-product-compliance
Lightning Source LLC
Chambersburg PA
CBHW062345010826
49168CB00024B/271
9791042211417